Under the editorship of

William G. Moulton

PRINCETON UNIVERSITY

MAX FRISCH **BIEDERMANN**

UND

DIE

Edited by Paul Kurt Ackermann,

Boston University

BRANDSTIFTER

Ein Lehrstück ohne Lehre

Mit einem Nachspiel

HOUGHTON MIFFLIN COMPANY · BOSTON

Illustrated by Eric von Schmidt

INTRODUCTION

Recently an American literary critic wrote in an essay on the Swiss playwright Max Frisch: "When Frisch is at his best, as he is in *Biedermann und die Brandstifter,* there is no dramatic author alive today who can touch him." At his best, Frisch is passionately involved in the issues he raises, constructs plays that are universally valid, and makes use of a very personal theatrical inventiveness. He is aided by a probing intellect and a thorough familiarity with the trends and problems of the modern theatre, particularly with the works of Bert Brecht and Thornton Wilder. In respect to the present play, Frisch shares the attitude of the so-called Theatre of the Absurd in that he too does not argue about the absurdity of the human condition but merely presents it in being.

Frisch, who was born in 1911 at Zürich, is a professional architect. At the same time he is the author of a number of novels and plays which have earned him a growing reputation in Europe. He and his compatriot Friedrich Dürrenmatt are considered the most significant playwrights writing in German today.

One idea that recurs throughout Frisch's work is that man will not profit by experience. There is therefore a note of despair in his work which is not dispelled by his sharp ironic wit and his use of the grotesque and burlesque. Frisch also believes strongly that the mask which hides our individuality and humanity is dangerous and will destroy its wearer. In *Andorra,* Frisch agonizingly and compassionately lays bare the motivations and brutality of race prejudice. He shows in this play how we fashion the mask which we force our victim to wear in order to feel more justified in persecuting him. In *Als der Krieg zu Ende war,* the individual humanity behind the stereotype is revealed when a German woman falls in love with a Russian officer who has come into her house as an enemy. "Since we are not willing or able to confront an individual face," Frisch wrote in the preface, "we brand a whole people and will not grant them anything except the grimace of our own prejudice, which is always a sin."

Frisch's conviction that man will not learn by experience is a principal theme in *Die Chinesische Mauer,* a brilliant morality play written under the impact of the atomic explosions at Hiroshima and Nagasaki. Both the obstinate resistance to the lessons taught by experience and the deadly effect of pretense are demonstrated in the tragicomedy *Biedermann und die Brandstifter.*

Biedermann und die Brandstifter tells in six scenes and an epilogue the cautionary tale of Gottlieb Biedermann, a solid citizen and the manufacturer of a dubious hair tonic, whose self-deception and unwillingness to face the obvious lead to disaster and to hell. Although he knows that his home town has been the scene of a number of incendiary acts, he gives shelter to a trio of shady characters. By posing as a trusting good soul he tries to relieve the discomfort of a bad conscience which is the unwanted adjunct of his business success. ("Every citizen above a certain income is culpable," says one of his guests.)

Biedermann's visitors install themselves in the attic and go candidly about their work. They stack barrels of gasoline under his roof with the calm competence of technicians stock-piling atom bombs, set fuses and detonators, and generally prepare for his doom. All this activity leads Biedermann's mind to an occasional view of sizzling extinction but he will not actually take its possibility seriously. He discounts their frank announcements as to their intentions because his whole existence is built on the assumption that words are meant not to convey but to hide the truth. His guests know their Biedermann and one of them vainly enlightens him: "Jocularity is the third-best camouflage, the second-best is sentimentality. . . . But the best and safest camouflage is still the pure, naked truth. Oddly enough, no one believes it."

There is a burlesque pseudo-Greek chorus of firemen which stands ever-ready on the periphery and sounds dire warnings. Repeatedly the firemen implore Biedermann not to accept as unavoidable fate what is really his own folly. Blaming the course of human events on Fate, they say, is a poor excuse and an abdication of human dignity and personal responsibility. But it is impossible for Biedermann to confront himself honestly. To recognize the truth and to act accordingly requires a courage which Biedermann does not possess.

Frisch calls *Biedermann und die Brandstifter* "an instructional play without a lesson," but an implicit lesson lies in the question which animates the play. There is no obvious answer. As an audience we like to be handed the solution to a play's central problem before the curtain finally falls and we tend to be thankful for the balmy message that lingers tranquilly and supports rather than prevents sleep. But Frisch makes no concessions to his audience. "Suppose," he once wrote, "the playwright should furnish a solution. For instance: Go out and do as Saint Francis. What would happen? Nothing. What would be gained? The audience would simply know: the author appears to be a Christian. Isn't that nice of him. But, after all, that's his concern. And, indeed, it is. The solution is always our concern, my concern, your concern." Frisch expects each member of the audience to draw his own conclusions. He forces no moral on the viewer and holds out no specific hope. Only when the question informs the play in such a way that the spectator cannot rest until he has found his personal answer, only then does Frisch consider his play effective and his task as a playwright fulfilled. Ibsen said: "I am here to ask, not to answer." And Frisch completely agrees.

One question the audience must ask itself is whether the catastrophe could have been avoided if Biedermann had acted differently. Frisch portrays the average citizen who has an average bad conscience and who would like to have a good conscience without in any way making the necessary changes. "A good conscience under these circumstances can be bought only with self-deception, and therein lies the danger of Biedermann," Frisch wrote in the radio version of the play. "Without his bad conscience, I think our Mr. Biedermann would have noticed things which only a man who is very scared cannot see."

The play's principal idea occupied Frisch for many years. The earliest version is a short prose piece entitled "Burlesque" in Frisch's *Tagebuch 1946–1949*. Here the reader is addressed directly: "What would you do if the following should happen to you?"; and then Frisch briefly describes the visit of the arsonist. These few pages Frisch worked into a radio play, entitled *Herr Biedermann und die Brandstifter*, which was broadcast in March, 1953. There is no chorus in this version, but a character described as "the author" supplies a commentary. To some extent this version parodies Max Mell's *Apostelspiel* in which two arsonists are diverted from their intended crime by the purity of an innocent girl. Max Picard's *Hitler in uns selbst* provided Frisch with the term "Biedermann in uns selbst." Unlike Picard, Frisch examines the guilt not of the executioner but of the victim. The stage adaptation was written in the winter of 1957 and first performed at the Schauspielhaus at Zürich on March 29, 1958. In order to fill an evening, since *Biedermann und die Brandstifter* is quite short, Frisch added a marital burlesque, *Die Grosse Wut des Philipp Hotz*. For the first performance in Germany, at Frankfurt on September 28, 1959, Frisch replaced *Hotz* with a newly written epilogue.

Because Frisch's play is in the manner of a parable, it can be interpreted in a number of different ways. Some critics see the play as a political allegory castigating a cowardly bourgeoisie and the rise of totalitarian governments. They feel justified in this view because Frisch's early diary version follows an entry about President Beneš of Czechoslovakia who had taken Communists into his government although he knew that they were intent on destroying the country's independence. If one wishes to go back further one may be reminded of Germany's President Hindenburg who invited Hitler to join his government. But Frisch's play describes a basic human situation and therefore depicts a political phenomenon as well as a general condition. In the broadest sense, the play deals with the survival of the human race.

P.K.A.

BIBLIOGRAPHY

Works by Max Frisch

PLAYS

Nun singen sie wieder. Basel: Verlag Benno Schwabe, 1946.
Santa Cruz. Basel: Verlag Benno Schwabe, 1947.
Die Chinesische Mauer. Basel: Verlag Benno Schwabe, 1947.
————. Frankfurt/Main: Suhrkamp, 1955.
Als der Krieg zu Ende war. Basel: Verlag Benno Schwabe, 1949.
Graf Oederland. Frankfurt/Main: Suhrkamp, 1951.
Don Juan oder Die Liebe zur Geometrie. Frankfurt/Main: Suhrkamp, 1953.
Herr Biedermann und die Brandstifter. Hamburg: Hans Bredow-Institut, 1953.
Biedermann und die Brandstifter. Frankfurt/Main: Suhrkamp, 1959.
Die große Wut des Philipp Hotz. St. Gallen: Tschudy-Verlag (in "Hortulus"), 1958.
Andorra. Frankfurt/Main: Suhrkamp, 1961.
Stücke. Frankfurt/Main: Suhrkamp, 1962 (2 vols.).

NOVELS

Jürg Reinhart. Stuttgart: Deutsche Verlags-Anstalt, 1934.
Blätter aus dem Brotsack. Zürich: Atlantis, 1940.
J'adore ce qui me brûle oder Die Schwierigen. Zürich: Atlantis, 1943 and 1957.

ix

Tagebuch mit Marion. Zürich: Atlantis, 1947.

Tagebuch 1946–1949. Frankfurt/Main: Suhrkamp, 1950.

Stiller. Frankfurt/Main: Suhrkamp, 1954.

Homo Faber. Frankfurt/Main: Suhrkamp, 1957.

Among the literature on Max Frisch, the following items are especially useful:

Hans Bänziger. *Max Frisch und Friedrich Dürrenmatt.* Bern: Francke, 1960.

Eduard Stäuble. *Max Frisch.* Amriswil: Bodensee-Verlag, 1960.

George Wellwarth. "Friedrich Duerrenmatt and Max Frisch: Two Views of the Drama." *The Tulane Drama Review,* VI, 3 (March, 1962), 14–42.

BIEDERMANN
UND DIE BRANDSTIFTER

Personen:

HERR BIEDERMANN*

BABETTE, *seine Frau*

ANNA, *ein Dienstmädchen*

SCHMITZ, *ein Ringer*

EISENRING, *ein Kellner*

EIN POLIZIST

EIN DR. PHIL.

WITWE KNECHTLING*

DER CHOR, *bestehend aus den Mannen* der Feuerwehr.*

SCENE: *Eine Stube, ein Dachboden.*

Biedermann The name means a very respectable, unimaginative bourgeois, who adheres strictly to the social and ethical standards of his group (*bieder* honest, upright and credulous). Cf. Babbitt.

Knechtling a diminutive of *der Knecht* servant, an apt name for this exploited, ill-treated character

Mannen the usual plural of *Mann* is *Männer;* the archaic plural *Mannen* lends a mock-heroic touch (cf. English "brothers" vs. "brethren")

3

Even though this chorus is only composed of firemen, it tries to live up to the noble tradition of its Greek antecedents by expressing itself in a grandiose roundabout manner. The first appearance of the chorus is possibly the most difficult passage of the play and has therefore been translated in full and more or less literally. The reader ought to be able to manage future meetings with this group quite comfortably after he has familiarized himself with certain recurrent syntactical peculiarities. No harm is done if the reader postpones facing these difficulties until a later time and begins immediately with Scene 1.

CHORUS

    Citizens of the native town, behold us,
    guardians of the native town,
    watching,
    listening,
    amicably disposed to the friendly citizen —   5

*Die Bühne ist finster, dann leuchtet ein Streichholz auf: man
sieht das Gesicht von Herrn Biedermann, der sich eine Zigarre
anzündet und jetzt, da es heller wird, sich seinerseits umsieht.
Ringsum stehen Feuerwehrmänner in Helmen.*

BIEDERMANN
   Nicht einmal eine Zigarre kann man heutzutage anzün-
   den, ohne an Feuersbrunst zu denken! . . . das ist ja
   widerlich —

*Biedermann verbirgt die rauchende Zigarre und verzieht sich,
worauf die Feuerwehr vortritt in der Art des antiken Chors.
Eine Turmuhr schlägt: ein Viertel.*

CHOR
   Bürger der Vaterstadt, seht
   Wächter der Vaterstadt uns,   5
   Spähend,
   Horchend,
   Freundlichgesinnte* dem freundlichen Bürger —

Freundlichgesinnte Because Frisch has capitalized the first letter of
   each line, it is impossible to say whether it is an adjective modifying
   Wächter or an adjectival noun meaning "those who are amicably
   disposed."

5

LEADER OF THE CHORUS
>who, after all, pays us.

CHORUS
>Superbly equipped
>we amble around your house,
>watchful and guileless at the same time.

LEADER OF THE CHORUS
>Sometimes we also sit down,   5
>however, without sleeping, indefatigably

CHORUS
>watching,
>listening,
>so that the veiled may unveil itself
>before it is too late for extinguishing,   10
>the highly inflammable.

A tower clock strikes half past the hour.

LEADER OF THE CHORUS
>Much is highly inflammable,
>but not all that burns is fate,
>unavoidable.

CHORUS
>Something else, named fate,   15
>so that you may not ask how it happens,
>annihilating cities too, a monstrous thing,
>is mischief,

CHORFÜHRER
Der uns ja schließlich bezahlt.

CHOR
Trefflichgerüstete*
Wandeln wir um euer Haus,
Wachsam und arglos zugleich.

CHORFÜHRER
Manchmal auch setzen wir uns,   5
Ohne zu schlafen jedoch, unermüdlich

CHOR
Spähend,
Horchend,
Daß sich enthülle Verhülltes,
Eh' es zum Löschen zu spät ist,   10
Feuergefährliches*.

Eine Turmuhr schlägt Halb.

CHORFÜHRER
Feuergefährlich ist viel,
Aber nicht alles, was feuert, ist Schicksal,
Unabwendbares*.

CHOR
Anderes nämlich, Schicksal genannt,   15
Daß du nicht fragest, wie's kommt,
Städtevernichtendes auch, Ungeheueres*,
Ist Unfug,

Trefflichgerüstete   an adjectival noun
Feuergefährliches   an adjectival noun in apposition to *Verhülltes*
Unabwendbares   adjective, modifying *Schicksal*
Städtevernichtendes auch, Ungeheueres   in apposition to *Anderes*

7

LEADER OF THE CHORUS
human,

CHORUS
all too human,

LEADER OF THE CHORUS
blotting out the mortal race of citizens.

A tower clock strikes: three quarters.

CHORUS
Good sense can avoid much.

LEADER OF THE CHORUS
Truly: 5

CHORUS
The deity never deserves,
never the human being,
because he, if he regards human nature thus,
deserves never the name
and never the divine earth,   10
the inexhaustible,
fruitful and merciful to man,
and never the air that he breathes,
and never the sun —
never deserves   15
to be called Fate, only because it has happened:
Folly,
which one day will be beyond extinguishing.

The tower clock strikes: four quarters.

LEADER OF THE CHORUS
Our watch has begun.

*The chorus sits down, while the striking of the hour resounds:
nine o'clock.*

8

CHORFÜHRER
Menschlicher,

CHOR
Allzumenschlicher,

CHORFÜHRER
Tilgend das sterbliche Bürgergeschlecht.

Eine Turmuhr schlägt: drei Viertel.

CHOR
Viel kann vermeiden Vernunft.

CHORFÜHRER
Wahrlich: 5

CHOR
Nimmer verdient es der Gott,
Nimmer der Mensch,
Denn der*, achtet er Menschliches so,
Nimmer verdient er den Namen
Und nimmer die göttliche Erde*,   10
Die unerschöpfliche,
Fruchtbar und gnädig dem Menschen,
Und nimmer die Luft*, die er atmet,
Und nimmer die Sonne* —
Nimmer verdient,   15
Schicksal zu heißen, bloß weil er geschehen:
Der Blödsinn,
Der nimmerzulöschende einst!

Die Turmuhr schlägt: vier Viertel.

CHORFÜHRER
Unsere Wache hat begonnen.

Der Chor setzt sich, während der Stundenschlag tönt: neun Uhr.

---

der   demonstrative pronoun referring to *Mensch*
die göttliche Erde, die Luft, die Sonne   direct objects

9

SCENE 1

STUBE

Gottlieb Biedermann sitzt in seiner Stube und liest die Zeitung, eine Zigarre rauchend, und Anna, das Dienstmädchen mit weißem Schürzchen, bringt eine Flasche Wein.

ANNA
    Herr Biedermann?

Keine Antwort.

    Herr Biedermann —

Er legt die Zeitung zusammen.

BIEDERMANN
    Aufhängen sollte man sie. Hab* ich's nicht immer gesagt?
    Schon wieder eine Brandstiftung. Und wieder dieselbe
    Geschichte, sage und schreibe*: wieder so ein Hausierer,   5

Hab   short for *Habe.* Note omission of the −*e* ending of the first person
    singular throughout this play. Colloquial speech frequently drops the
    final −*e.*
sage und schreibe   "say and write" = believe it or not

11

attic

der sich im Dachboden einnistet*, ein harmloser Hausierer . . .

Er nimmt die Flasche.

Aufhängen sollte man sie!

Er nimmt den Korkenzieher.

ANNA
  Herr Biedermann —

BIEDERMANN
  Was denn?   5

ANNA
  Er ist noch immer da.

BIEDERMANN
  Wer?

ANNA
  Der Hausierer, der Sie sprechen möchte.

BIEDERMANN
  Ich bin nicht zu Haus!

ANNA
  Das hab ich ihm gesagt, Herr Biedermann, schon vor 10
  einer Stunde. Er sagt, er kenne Sie. Herr Biedermann,
  ich kann diesen Menschen nicht vor die Tür werfen. Ich
  kann's nicht!

BIEDERMANN
  Wieso nicht?

ANNA
  Nämlich er ist sehr kräftig . . .   15

Biedermann zieht den Korken.

---

der sich im Dachboden einnistet "who makes his nest in the attic" =
who settles down in the attic (and can't be dislodged)

BIEDERMANN
Er soll morgen ins Geschäft kommen.

ANNA
Ich hab's ihm gesagt, Herr Biedermann, schon drei Mal, aber das interessiert ihn nicht.

BIEDERMANN
Wieso nicht?

ANNA
Er will kein Haarwasser.   5

BIEDERMANN
Sondern?

ANNA _humanity_
Menschlichkeit . . .

Biedermann riecht am Korken.

BIEDERMANN
Sagen Sie ihm, ich werde ihn eigenhändig vor die Tür werfen, wenn er nicht sofort verschwindet.

Er füllt sorgsam sein Burgunderglas.

Menschlichkeit! . . .   10

Er kostet den Wein.

Er soll im Flur draußen warten. Ich komme sofort.
Wenn er irgend etwas verkauft, ein Traktat oder Rasier-
klingen, ich bin kein Unmensch, aber — ich bin kein
Unmensch, Anna, das wissen Sie ganz genau! — aber es
kommt mir keiner ins Haus*. Das habe ich Ihnen schon 15
hundertmal gesagt! Und wenn wir drei freie Betten

---

es kommt mir keiner ins Haus nobody comes into the house, as far as
I am concerned

13

haben, es kommt nicht in Frage*, sag ich, nicht in Frage. Man weiß, wohin das führen kann — heutzutage . . .

Anna will gehen und sieht, daß der Fremde eben eingetreten ist: ein Athlet, sein Kostüm erinnert halb an Strafanstalt und halb an Zirkus, Tätowierung am Arm, Lederbinde um die Handgelenke. Anna schleicht hinaus. Der Fremde wartet, bis Biedermann seinen Wein gekostet hat und sich umdreht.

SCHMITZ
Guten Abend.

Biedermann verliert die Zigarre vor Verblüffung.*

Ihre Zigarre, Herr Biedermann —

Er hebt die Zigarre auf und gibt sie Biedermann.

BIEDERMANN
Sagen Sie mal* —   5

SCHMITZ
Guten Abend!

BIEDERMANN
Was soll das heißen*? Ich habe dem Mädchen ausdrücklich gesagt, Sie sollen im Flur draußen warten. Wieso — ich muß schon sagen . . . ohne zu klopfen . . .

SCHMITZ
Mein Name ist Schmitz.   10

BIEDERMANN
Ohne zu klopfen.

---

es kommt nicht in Frage "it doesn't come into question" = it is out of the question
vor Verblüffung in amazement
Sagen Sie mal Say!
Was soll das heißen? What is the meaning of this?

14

SCHMITZ
Schmitz Josef.

Schweigen.

Guten Abend!

BIEDERMANN
Und was wünschen Sie?

SCHMITZ
Herr Biedermann brauchen keine Angst haben: Ich bin
kein Hausierer! 5

BIEDERMANN
Sondern?

SCHMITZ
[Ringer] von Beruf*.
wrestle
BIEDERMANN
Ringer?

SCHMITZ
Schwergewicht. heavy weight
BIEDERMANN
Ich sehe. 10

SCHMITZ
Das heißt: gewesen.

BIEDERMANN
Und jetzt?

SCHMITZ
Arbeitslos.

---

von Beruf by profession

15

Pause.

Herr Biedermann brauchen keine Angst haben, ich suche keine Arbeit. Im Gegenteil. Die Ringerei ist mir verleidet . . . Bin nur gekommen, weil's draußen so regnet.

Pause.

Hier ist's wärmer.

Pause.

Hoffentlich stör ich nicht. — 5

Pause.

BIEDERMANN
Rauchen Sie?

Er bietet Zigarren an.

SCHMITZ
Das ist schrecklich, Herr Biedermann, wenn einer so gewachsen ist wie ich*. Alle Leute haben Angst vor mir . . .

Danke!

Biedermann gibt ihm Feuer.

Danke. 10

Sie stehen und rauchen.

BIEDERMANN
Kurz und gut*, was wünschen Sie?

SCHMITZ
Mein Name ist Schmitz.

BIEDERMANN
Das sagten Sie schon, ja, sehr erfreut —

---

wenn einer so gewachsen ist wie ich "when one is grown as I" = if one looks the way I do
Kurz und gut In short

SCHMITZ *homeless*
Ich bin obdachlos.

Er hält die Zigarre unter die Nase und kostet den Duft.

Ich bin obdachlos.

BIEDERMANN
Wollen Sie — ein Stück Brot?

SCHMITZ
Wenn Sie nichts andres haben . . .

BIEDERMANN
Oder ein Glas Wein? 5

SCHMITZ
Brot und Wein . . . Aber nur wenn ich nicht störe, Herr
Biedermann, nur wenn ich nicht störe!

Biedermann geht zur Tür.

BIEDERMANN
Anna!

Biedermann kommt zurück.

SCHMITZ
Das Mädchen hat mir gesagt, Herr Biedermann will
mich persönlich hinauswerfen, aber ich habe gedacht, 10
Herr Biedermann, daß das nicht Ihr Ernst ist . . .

Anna ist eingetreten.

BIEDERMANN
Anna, bringen Sie ein zweites Glas.

ANNA
Sehr wohl.

BIEDERMANN
Und etwas Brot — ja.

17

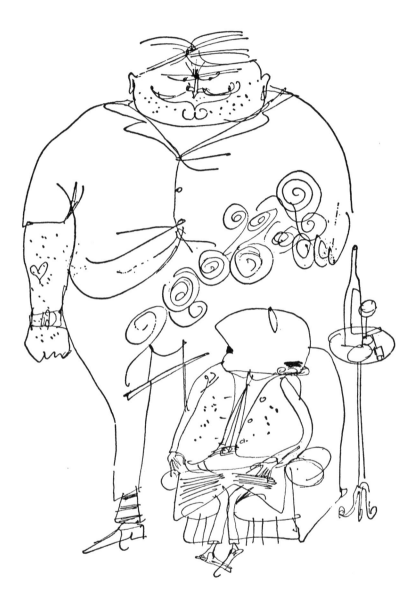

SCHMITZ
Und wenn's dem Fräulein nichts ausmacht*: etwas Butter. Etwas Käse oder kaltes Fleisch oder so. Nur keine
Umstände*. Ein paar Gurken, eine Tomate oder so,
etwas Senf — was Sie grad haben*, Fräulein.

ANNA
Sehr wohl.   5

SCHMITZ
Nur keine Umstände!

Anna geht hinaus.

BIEDERMANN
Sie kennen mich, haben Sie dem Mädchen gesagt.

SCHMITZ
Freilich, Herr Biedermann, freilich.

BIEDERMANN
Woher?

SCHMITZ
Nur von Ihrer besten Seite, Herr Biedermann, nur von   10
Ihrer besten Seite. Gestern Abend am Stammtisch, ich
weiß, Herr Biedermann haben mich gar nicht bemerkt
in der Ecke, die ganze Wirtschaft hat sich gefreut, Herr
Biedermann, jedes Mal, wenn Sie mit der Faust auf den
Tisch geschlagen haben.   15

BIEDERMANN
Was habe ich denn gesagt?

SCHMITZ
Das Einzigrichtige.

---

wenn's dem Fräulein nichts ausmacht   if the young lady doesn't mind
Nur keine Umstände   No fuss, please
was Sie grad haben   whatever you happen to have

19

Er raucht seine Zigarre, dann:

Aufhängen sollte man sie. Alle. Je rascher, um so besser*. Aufhängen. Diese Brandstifter nämlich . . .

Biedermann bietet einen Sessel an.

BIEDERMANN
Bitte. —

Schmitz setzt sich.

SCHMITZ
Männer wie Sie, Herr Biedermann, das ist's, was wir brauchen!   5

BIEDERMANN
Jaja gewiß, aber —

SCHMITZ
Kein Aber, Herr Biedermann, kein Aber! Sie sind noch vom alten Schrot und Korn*, Sie haben noch eine positive Einstellung. Das kommt davon*.

BIEDERMANN
Gewiß —   10

SCHMITZ
Sie haben noch Zivilcourage*.

BIEDERMANN
Sicher —

SCHMITZ
Das kommt eben davon.

BIEDERMANN
Wovon?

Je rascher, um so besser   The quicker the better
vom alten Schrot und Korn   of the good old type
Das kommt davon   That is the result of it
Zivilcourage   "civilian courage" = the courage of one's convictions

SCHMITZ

Sie haben noch ein Gewissen, das spürte die ganze Wirtschaft, ein regelrechtes Gewissen.

BIEDERMANN

Jaja, natürlich —

SCHMITZ

Herr Biedermann, das ist gar nicht natürlich. Heutzutage. Im Zirkus, wo ich gerungen hab, zum Beispiel ₅
— und drum, sehn Sie, ist er dann auch niedergebrannt,
der ganze Zirkus! — unser Direktor zum Beispiel, der
hat gesagt: Sie können mir, Sepp*! — ich heiße doch
Josef* . . . Sie können mir! hat er gesagt: Wozu soll ich
ein Gewissen haben? Wörtlich. Was ich brauch, um mit ₁₀
meinen Bestien fertigzuwerden, das ist 'ne* Peitsche.
Wörtlich! So einer war das. Gewissen! hat er gelacht:
Wenn einer ein Gewissen hat, so ist es meistens ein
schlechtes . . .

Er raucht genußvoll:

Gott hab ihn selig*.   15

BIEDERMANN

Das heißt, er ist tot?

SCHMITZ

Verbrannt mit seinem ganzen Plunder . . .

Eine Standuhr schlägt Neun.

BIEDERMANN

Versteh nicht, was das Mädchen so lang macht!

Sie können mir, Sepp! "you can . . . , Sepp!" an incomplete, usually
  obscene remark, denoting derision and disrespect
Josef "Sepp" is a diminutive of Josef
'ne = eine
Gott hab ihn selig "May God hold him blessed" = God rest his soul

SCHMITZ
Ich hab Zeit. —

Es gibt sich*, daß sie einander plötzlich in die Augen blicken.

Sie haben auch kein freies Bett im Haus, Herr Biedermann, das Mädchen sagte es schon —

BIEDERMANN
Warum lachen Sie?

SCHMITZ
Leider kein freies Bett! das sagen nämlich alle, kaum ₅
daß ein Obdachloser — und dabei will ich gar kein Bett.

BIEDERMANN
Nein?

SCHMITZ
Ich bin's gewohnt, Herr Biedermann, auf dem Boden zu
schlafen. Mein Vater war Köhler. Ich bin's gewohnt . . .

Er raucht vor sich hin*.

Kein Aber, Herr Biedermann, kein Aber! sag ich: Sie ₁₀
sind keiner von denen, der in der Wirtschaft ein großes
Maul verreißt*, weil er Schiß hat*. Ihnen glaub ich's.
Leider kein freies Bett! — das sagen alle — aber Ihnen,
Herr Biedermann, glaub ich aufs Wort . . . Wo führt das
noch hin, wenn keiner mehr dem andern glaubt? Ich sag ₁₅
immer: Wo führt das noch hin, Kinder! jeder hält den
andern für einen Brandstifter, nichts als Mißtrauen in
der Welt. Oder hab ich nicht recht? Das spürte die
ganze Wirtschaft, Herr Biedermann: Sie glauben noch
an das Gute in den Menschen und in sich selbst. Oder ₂₀
hab ich nicht recht? Sie sind der erste Mensch in dieser

_____

es gibt sich   it so happens
Er raucht vor sich hin   "He smokes to himself" = He smokes pensively
  (cf. *er spricht vor sich hin*   he talks to himself)
der in der Wirtschaft ein großes Maul verreißt   "who tears to shreds a
  big mouth in the inn" = who talks boastfully in the inn
weil er Schiß hat (mildly obscene expression)   because he is scared

22

Stadt, der unsereinen nicht einfach wie einen Brandstifter behandelt —

BIEDERMANN
Hier ist ein Aschenbecher.

SCHMITZ
Oder hab ich nicht recht?

Er schlägt sorgsam die Asche seiner Zigarre ab:

Die meisten Leute heutzutag glauben nicht an Gott, 5
sondern an die Feuerwehr.

BIEDERMANN
Was wollen Sie damit sagen?

SCHMITZ
Die Wahrheit.

Anna bringt ein Tablettchen.

ANNA
Kaltes Fleisch haben wir keins.

SCHMITZ
Das genügt, Fräulein, das genügt — nur den Senf haben 10
Sie noch vergessen.

ANNA
Entschuldigung!

Anna geht hinaus.

BIEDERMANN
Essen Sie! —

Biedermann füllt die Gläser.

SCHMITZ
Nicht überall, Herr Biedermann, wird man so empfangen. Das kann ich Ihnen sagen! Ich habe schon Dinge 15
erlebt — Kaum tritt unsereiner über die Schwelle, Mann
ohne Krawatte, obdachlos, hungrig: Nehmen Sie Platz!
heißt es, und hintenherum rufen sie die Polizei. Was

finden Sie dazu*? Ich frage nach einem Obdach, nichts
weiter, ein braver Ringer, der sein Leben lang gerungen
hat; da packt so ein Herr, der noch nie gerungen hat,
unsereinen am Kragen — Wieso? frag ich und dreh mich
bloß um, bloß um ihn anzublicken, schon hat er die 5
Schulter gebrochen.

Er nimmt das Glas:

Prost!

Sie trinken, und Schmitz beginnt zu futtern.

BIEDERMANN

Es ist halt so eine Sache, mein Herr, heutzutage*. Keine
Zeitung kann man mehr aufschlagen: Schon wieder so
eine Brandstifterei! Und wieder die alte Geschichte, sage 10
und schreibe: Wieder ein Hausierer, der um Obdach
bittet, und am andern Morgen steht das Haus in Flammen . . . Ich meine nur — offengesprochen: Ich kann ein
gewisses Mißtrauen schon verstehen.

Er greift zu seiner Zeitung.

Hier: bitte! 15

Er legt ihm die offene Zeitung neben den Teller.

SCHMITZ

Ich hab's gesehen.

BIEDERMANN

Ein ganzer Stadtteil.

Er erhebt sich, um es Schmitz zu zeigen.

Hier: lesen Sie das!

Schmitz futtert und liest und trinkt.

Was finden Sie dazu?   What do you think of that?
Es ist halt so eine Sache, mein Herr, heutzutage.   That's the way things
    are nowadays, Sir.

SCHMITZ
Beaujolais?

BIEDERMANN
Ja.

SCHMITZ
Dürfte noch etwas wärmer sein* . . .

Er liest über den Teller hinweg:

» — scheint es, daß die Brandstiftung nach dem gleichen Muster geplant und durchgeführt worden ist wie schon 5 das letzte Mal.«

Sie geben einander einen Blick.

BIEDERMANN
Ist das nicht unglaublich?!

Schmitz legt die Zeitung weg.

SCHMITZ
Drum les ich ja keine Zeitungen.

BIEDERMANN
Wie meinen Sie das?

SCHMITZ
Weil's immer wieder dasselbe ist. 10

BIEDERMANN
Jaja, mein Herr, natürlich, aber — das ist doch keine Lösung, mein Herr, einfach keine Zeitung lesen; schließlich und endlich* muß man doch wissen, was einem bevorsteht.

SCHMITZ
Wozu? 15

Dürfte noch etwas wärmer sein [The wine] could be a little bit warmer
schließlich und endlich after all

25

BIEDERMANN
Einfach so.

SCHMITZ
Es kommt ja doch*, Herr Biedermann, es kommt ja doch!

Er riecht an der Wurst:

Gottesgericht.

Er schneidet sich Wurst ab.

BIEDERMANN
Meinen Sie?

Anna bringt den Senf.

SCHMITZ
Danke, Fräulein, danke!   5

ANNA
Sonst noch etwas*?

SCHMITZ
Heute nicht.

Anna bleibt bei der Türe.

Senf ist nämlich meine Leibspeise —

Er drückt Senf aus der Tube.

BIEDERMANN
Wieso Gottesgericht?!

SCHMITZ
Weiß ich's* . . .   10

Er futtert und blickt nochmals in die Zeitung:

» — scheint es den Sachverständigen, daß die Brandstiftung nach dem gleichen Muster geplant und durchgeführt
worden ist wie schon das letzte Mal.«

Er lacht kurz, dann füllt er sein Glas mit Wein.

Es kommt ja doch   It will come anyway
Sonst noch etwas?   Anything else?
Weiß ich's   How should I know

26

ANNA

　Herr Biedermann?

BIEDERMANN

　Was denn?

ANNA

　Herr Knechtling möchte Sie sprechen.

BIEDERMANN

　Knechtling? Jetzt? Knechtling?

ANNA

　Er sagt —   5

BIEDERMANN

　Kommt nicht in Frage.

ANNA

　Er könne Sie gar nicht verstehen —

BIEDERMANN

　Wozu muß er mich verstehen?

ANNA

　Er habe eine kranke Frau und drei Kinder —

BIEDERMANN

　Kommt nicht in Frage! sag ich.   10

Er ist aufgestanden vor Ungeduld:

　Herr Knechtling! Herr Knechtling! Herr Knechtling soll
mich gefälligst in Ruh lassen, Herrgott nochmal, oder er
soll einen Anwalt nehmen. Bitte! Ich habe Feierabend*.
Herr Knechtling! Ich verbitte mir dieses Getue wegen
einer Kündigung. Lächerlich! Und dabei gibt's heut- 15
zutage Versicherungen wie noch nie* in der Geschichte
der Menschheit . . . Ja! Soll er einen Anwalt nehmen.
Bitte! Ich werde auch einen Anwalt nehmen. Beteiligung
an seiner Erfindung! Soll er sich unter den Gasherd legen

Ich habe Feierabend "I have evening leisure" = I am through work-
　ing for today
wie noch nie as never before

27

oder einen Anwalt nehmen — bitte! — wenn Herr Knechtling es sich leisten kann, einen Prozeß zu verlieren oder zu gewinnen. Bitte! Bitte!

Er beherrscht sich mit Blick auf Schmitz.

Sagen Sie Herrn Knechtling: Ich habe Besuch.

Anna geht hinaus.

Sie entschuldigen! 5

SCHMITZ
Sie sind hier zu Haus, Herr Biedermann.

BIEDERMANN
Schmeckt es denn?

Er setzt sich und schaut zu, wie der Gast genießt.

SCHMITZ
Wer hätte gedacht, ja, wer hätte gedacht, daß es das noch gibt*! Heutzutage.

BIEDERMANN
Senf? 10

SCHMITZ
Menschlichkeit.

Er schraubt die Tube wieder zu:

Ich meine nur so: Daß Sie mich nicht einfach am Kragen packen, Herr Biedermann, um unsereinen einfach auf die Straße zu werfen — hinaus in den Regen! — sehen Sie, das ist's, Herr Biedermann, was wir brauchen: 15 Menschlichkeit.

Er nimmt die Flasche und gießt sich ein:

Vergelt's Gott*.

Er trinkt und genießt es sichtlich.

---

daß es das noch gibt   that that still exists
Vergelt's Gott   "May God reward you" = thank you, to your health

BIEDERMANN

Sie müssen jetzt nicht denken, Herr Schmitz, daß ich ein Unmensch sei —

SCHMITZ

Herr Biedermann!

BIEDERMANN

Frau Knechtling nämlich behauptet das!

SCHMITZ

Wenn Sie ein Unmensch wären, Herr Biedermann, dann würden Sie mir heute nacht kein Obdach geben, das ist mal klar*. 5

BIEDERMANN

Nicht wahr?

SCHMITZ

Und wenn's auch nur auf dem Dachboden ist.

Er stellt das Glas nieder:

Jetzt ist er richtig, unser Wein. 10

Es klingelt an der Haustür.

Polizei — ?

BIEDERMANN

Meine Frau —

SCHMITZ

Hm.

Es klingelt nochmals.

BIEDERMANN

Kommen Sie! . . . Aber unter einer Bedingung, mein Herr: Kein Lärm! Meine Frau ist herzkrank — 15

Man hört Frauenstimmen draußen, und Biedermann winkt dem Schmitz, daß er sich beeile, und hilft, Tablettchen und

---

das ist mal klar   that is after all obvious

29

Glas und Flasche werden mitgenommen, sie gehen auf Fuß-
spitzen nach rechts, wo aber der Chor sitzt.

BIEDERMANN
    Sie entschuldigen!

Er steigt über die Bank.

SCHMITZ
    Sie entschuldigen!

Er steigt über die Bank, und sie verschwinden, während von
links Frau Biedermann in die Stube tritt, begleitet von Anna,
die ihr die Sachen abnimmt.

BABETTE
    Wo ist mein Mann? Sie wissen, Anna, wir sind keine
    Spießer: Sie können einen Schatz haben, aber ich will
    nicht, Anna, daß Sie ihn im Haus verstecken.   5

ANNA
    Frau Biedermann, ich hab aber keinen.

BABETTE
    Und wem gehört das rostige Fahrrad, das unten neben
    unsrer Haustüre steht? Ich bin ja zu Tod erschrocken —

DACHBODEN

Biedermann knipst das Licht an, man sieht den Dachboden,
er winkt dem Schmitz, daß er eintreten soll, es wird nur
geflüstert*:

BIEDERMANN
    Hier ist der Schalter ... Wenn Sie kalt haben*, irgendwo
    gibt's ein altes Schaffell, glaub ich — aber leise, Herrgott 10
    nochmal ... Ziehn Sie die Schuhe aus!

---

es wird nur geflüstert   there is only whispering, they only whisper
Wenn Sie kalt haben   Swiss German for *Wenn Ihnen kalt ist*   If you
    are cold

30

Schmitz stellt das Tablettchen ab und zieht einen Schuh aus.

Herr Schmitz —

SCHMITZ
   Herr Biedermann?

BIEDERMANN
   Sie versprechen es mir aber: Sie sind aber wirklich kein
   Brandstifter?

Schmitz muß lachen.

   Scht!

Er will sich beruhigen (he reassures himself)

5

*Er nickt gut' Nacht, geht hinaus und macht die Tür zu,
Schmitz zieht den anderen Schuh aus.*

STUBE

*Babette hat etwas gehört und horcht, sie blickt entsetzt, dann
plötzliche Erleichterung, sie wendet sich an den Zuschauer.*

BABETTE
   Mein Mann, der Gottlieb*, hat mir versprochen, jeden
   Abend persönlich auf den Dachboden zu gehen, um per-
   sönlich nachzuschauen, ob kein Brandstifter da ist. Ich
   bin ihm dankbar. Sonst könnte ich nämlich die halbe
   Nacht lang nicht schlafen . . .   10

DACHBODEN

*Schmitz geht zum Schalter, jetzt in Socken, und löscht das
Licht.*

---

der Gottlieb   the definite article is frequently used with proper names,
   especially in informal speech

31

CHOR

Bürger der Vaterstadt, seht
Wachen uns, Wächter der Unschuld,
Arglos noch immer,
Freundlichgesinnte der schlafenden Stadt,
Sitzend,   5
Stehend —

CHORFÜHRER

Manchmal eine Pfeife stopfend zur Kurzweil*.

CHOR

Spähend,
Horchend,
Daß nicht ein Feuer aus traulichen Dächern   10
Lichterloh
Tilge die Vaterstadt uns*.

Eine Turmuhr schlägt drei.

CHORFÜHRER

Jedermann weiß, daß wir da sind, und weiß:
Anruf genügt.

Er stopft sich die Pfeife.

CHOR

Wer denn macht Licht in der Stube   15
Um diese Stunde?
Wehe, in nervenzerrüttetem Zustand
Schlaflos-unselig
Seh ich die Gattin.

Babette erscheint im Morgenrock.

---

zur Kurzweil   as a pastime
daß nicht ein Feuer aus traulichen Dächern lichterloh tilge die Vater-
    stadt uns   so that a fire from homey roofs should not blazingly
    destroy our native town

BABETTE
Da hustet einer! . . .

Man hört Schnarchen.

Gottlieb! Hörst du's denn nicht?

Man hört Husten.

Da ist doch einer! . . .

Man hört Schnarchen.

Männer! dann nehmen sie einfach ein Schlafpulver.

Eine Turmuhr schlägt vier.

CHORFÜHRER
's ist vier Uhr.   8

Babette löscht das Licht wieder.

CHORFÜHRER
Aber ein Anruf kam nicht.

Er steckt die Pfeife wieder ein, es wird hell im Hintergrund.

CHOR
Strahl der Sonne,
Wimper, o göttlichen Auges,
Aufleuchtet noch einmal Tag
Über den traulichen Dächern der Stadt.   10
    Heil uns!
Nichts ist geschehen der nächtlichen Stadt,
Heute noch nichts . . .
    Heil uns!

Der Chor setzt sich.

Wimper, o göttlichen Auges   O thou eyelash of the divine eye

33

SCENE 2

STUBE

Biedermann steht in Mantel und Hut, Ledermappe unterm Arm, trinkt seinen Morgenkaffee und spricht zur Stube hinaus.

BIEDERMANN
— zum letzten Mal: Er ist kein Brandstifter!

STIMME
Woher weißt du das?

BIEDERMANN
Ich habe ihn ja selbst gefragt . . . Und überhaupt: Kann man eigentlich nichts anderes mehr denken in dieser Welt? Das ist ja zum Verrücktwerden*, ihr mit euren Brandstiftern die ganze Zeit — 5

Babette kommt mit einem Milchkrug.

Zum Verrücktwerden!

Das ist ja zum Verrücktwerden "That is to become crazy" = **That's** enough to drive one crazy

35

BABETTE

Schrei mich nicht an.

BIEDERMANN

Ich schrei nicht dich an, Babette, ich schreie ganz allgemein*.

Sie gießt Milch in seine Tasse.

Ich muß ja gehn!

Er trinkt seinen Kaffee, der zu heiß ist.

Wenn man jedermann für einen Brandstifter hält, wo   5
führt das hin? Man muß auch ein bißchen Vertrauen
haben, Babette, ein bißchen Vertrauen —

Er blickt auf seine Armbanduhr.

BABETTE

Du bist zu gutmütig. Das mach ich nicht mit*, Gottlieb.
Du läßt dein Herz sprechen, während ich die ganze
Nacht nicht schlafen kann . . . ich will ihm ein Frühstück   10
geben, aber dann, Gottlieb, schick ich ihn auf den Weg.

BIEDERMANN

Tu das.

BABETTE

In aller Freundlichkeit, weißt du, ohne ihn zu kränken.

BIEDERMANN

Tu das.

Er stellt die Tasse hin.

Ich muß zum Rechtsanwalt.   15

*Er gibt Babette einen Gewohnheitskuß, in diesem Augenblick
erscheint Schmitz, der ein Schaffell trägt; sie sehen ihn noch
nicht.*

---

ganz allgemein   quite in general
Das mach ich nicht mit   "I don't participate in that" = I don't go
   along with that

36

BABETTE

Warum hast du Knechtling entlassen?

BIEDERMANN

Weil ich ihn nicht mehr brauche.

BABETTE

Du warst immer so zufrieden mit ihm.

BIEDERMANN

Das ist es ja, was er ausnutzen will. Beteiligung an seiner Erfindung! Und dabei weiß Knechtling ganz genau, was ⁵ unser Haarwasser ist: eine kaufmännische Leistung, aber keine Erfindung. Lächerlich! Die guten Leute, die unser Haarwasser auf die Glatze streichen, könnten ebensogut ihren eigenen Harn —

BABETTE

Gottlieb! ₁₀

BIEDERMANN

Es ist aber auch wahr!

Er vergewissert sich, ob er alles in der Mappe hat:

Ich bin zu gutmütig, du hast recht: Diesem Knechtling werde ich die Kehle schon umdrehn*.

Er will gehen und sieht Schmitz.

SCHMITZ

Guten Morgen, die Herrschaften!

BIEDERMANN

Herr Schmitz — ₁₅

Schmitz streckt ihm die Hand hin.

SCHMITZ

Sagen Sie doch einfach Sepp!

Diesem Knechtling werde ich die Kehle schon umdrehn. "I will turn this Knechtling's throat around yet." = I will strangle this Knechtling yet.

Biedermann gibt seine Hand nicht.

BIEDERMANN
— meine Frau wird mit Ihnen sprechen, Herr Schmitz.
Ich muß gehen. Leider. Ich wünsche Ihnen aber alles
Gute . . .

Er schüttelt dem Schmitz die Hand:

Alles Gute, Sepp, alles Gute!

Biedermann geht weg.

SCHMITZ
Alles Gute, Gottlieb, alles Gute!   5

Babette starrt ihn an.

Ihr Mann heißt doch Gottlieb? . . .

BABETTE
Wie haben Sie geschlafen?

SCHMITZ
Danke, kalt. Aber ich habe mir gestattet, Madame, das
Schaffell zu nehmen — Erinnert mich an meine Jugend
in den Köhlerhütten . . . Ja — Bin die Kälte gewohnt . . . 10

BABETTE
Ihr Frühstück ist bereit.

SCHMITZ
Madame!

Sie weist ihm den Sessel an.

Das kann ich nicht annehmen!

Sie füllt seine Tasse.

BABETTE
Sie müssen tüchtig essen, Sepp. Sie haben sicherlich
einen langen Weg vor sich.   15

SCHMITZ
    Wieso?

Sie weist ihm nochmals den Sessel an.

BABETTE
    Nehmen Sie ein weiches Ei?

SCHMITZ
    Zwei.

BABETTE
    Anna!

SCHMITZ
    Sie sehen, Madame, ich fühl mich schon wie zu Haus . . . 5
    Ich bin so frei* —

Er setzt sich, Anna ist eingetreten.

BABETTE
    Zwei weiche Eier.

ANNA
    Sehr wohl.

SCHMITZ
    Dreieinhalb Minuten.

ANNA
    Sehr wohl.   10

Anna will gehen.

SCHMITZ
    Fräulein!

Anna steht in der Tür.

    Guten Tag!

———————————

Ich bin so frei   I take the liberty

ANNA
    Tag.

Anna geht hinaus.

SCHMITZ
    Wie das Fräulein mich ansieht! Verdammtnochmal!
    wenn's auf die ankäme*, ich glaub, ich stünde draußen
    im strömenden Regen.

Babette gießt Kaffee ein.

BABETTE
    Herr Schmitz —   5

SCHMITZ
    Ja?

BABETTE
    Wenn ich offen sprechen darf: —

SCHMITZ
    Sie zittern, Madame!?

BABETTE
    Herr Schmitz —

SCHMITZ
    Was bekümmert Sie?   10

BABETTE
    Hier ist Käse.

SCHMITZ
    Danke.

BABETTE
    Hier ist Marmelade.

SCHMITZ
    Danke.

---

wenn's auf die ankäme   if it depended on her

BABETTE

Hier ist Honig.

SCHMITZ

Eins nach dem andern, Madame, eins nach dem andern!

Er lehnt zurück und ißt sein Butterbrot, zum Hören bereit:

Was ist's?

BABETTE

Rundheraus, Herr Schmitz —

SCHMITZ

Sagen Sie doch einfach Sepp.   5

BABETTE

Rundheraus —

SCHMITZ

Sie möchten mich los sein?

BABETTE

Nein, Herr Schmitz, nein! so würd ich es nicht sagen —

SCHMITZ

Wie würden Sie's denn sagen?

Er nimmt Käse.

Tilsiter ist nämlich meine Leibspeis.   10

Er lehnt wieder zurück und futtert, zum Hören bereit.

Madame halten mich also für einen Brandstifter —

BABETTE

Mißverstehen Sie mich nicht! Was hab ich denn gesagt?
Nichts liegt mir ferner, Herr Schmitz, als Sie zu kränken.
Ehrenwort! Sie haben mich ganz verwirrt. Wer redet
denn von Brandstiftern! Ich beklage mich ja in keiner   15
Weise, Herr Schmitz, über Ihr Benehmen —

Schmitz legt das Besteck nieder.

41

SCHMITZ *manners*

Ich weiß: Ich hab kein Benehmen.

BABETTE

Nein, Herr Schmitz, das ist es nicht —

SCHMITZ *to smack*

Ein Mensch, der schmatzt —

BABETTE

Unsinn —

SCHMITZ

Das haben sie mir schon im Waisenhaus immer gesagt: 5
Schmitz, schmatze nicht!

Sie nimmt die Kanne, um Kaffee einzugießen. *he smacks*

BABETTE

Sie mißverstehen mich, ach Gott, vollkommen.

Er hält die Hand auf seine Tasse.

SCHMITZ

Ich geh.

BABETTE

Herr Schmitz —

SCHMITZ

Ich geh. 10

BABETTE

Noch eine Tasse?

Er schüttelt den Kopf.

42

BABETTE
　Eine halbe?

Er schüttelt den Kopf.

　So dürfen Sie nicht gehen, Herr, ich habe Sie nicht kränken wollen, Herr, ich habe doch kein Wort gesagt, daß Sie schmatzen!

Er erhebt sich.

　Habe ich Sie gekränkt?　　　　　　　　　　　　　5

Er faltet die Serviette zusammen.

SCHMITZ
　Was können Madame dafür, daß ich kein Benehmen habe! Mein Vater war Köhler. Woher soll unsereiner ein Benehmen haben! Hungern und frieren, Madame, das macht mir nichts*, aber — keine Bildung, Madame, kein Benehmen, Madame, keine Kultur . . .　　　　　10

BABETTE
　Ich versteh.

SCHMITZ
　Ich geh.

BABETTE
　Wohin?

SCHMITZ
　Hinaus in den Regen . . .

BABETTE
　Ach Gott.　　　　　　　　　　　　　　　　15

SCHMITZ
　Bin ich gewohnt.

――――――――

das macht mir nichts　that doesn't affect me

43

BABETTE

Herr Schmitz . . . Blicken Sie mich nicht so an! — Ihr
Vater war Köhler, das sehe ich doch ein, Herr Schmitz,
Sie haben sicherlich eine harte Jugend gehabt —

SCHMITZ

Überhaupt keine, Madame.

Er senkt den Blick und fingert an seinen Fingern herum:

Überhaupt keine. Ich zählte sieben Jahr, als meine Mut- 5
ter starb . . .

Er dreht sich und wischt sich die Augen.

BABETTE

Sepp! — aber Sepp . . .

Anna kommt und bringt die weichen Eier.

ANNA

Sonst noch etwas?

Anna bekommt keine Antwort und geht hinaus.

BABETTE

Ich schicke Sie gar nicht fort, mein Herr, das habe ich ja
gar nicht gesagt. Was habe ich denn gesagt? Sie mißver- 10
stehen mich wirklich, Herr Schmitz, das ist ja furchtbar.
Was kann ich denn tun, daß Sie mir glauben?

Sie faßt ihn (nicht ohne Zögern) am Ärmel:

Kommen Sie, Sepp, essen Sie!

Schmitz setzt sich wieder an den Tisch.

Wofür halten Sie uns! Ich habe nicht bemerkt, daß Sie
schmatzen, Ehrenwort! Und wenn schon*: Wir geben 15
nichts auf Äußerlichkeiten*, Herr Schmitz, das müssen
Sie doch spüren, Herr Schmitz, wir sind nicht so . . .

Er köpft sein Ei.

Und wenn schon   And even if
Wir geben nichts auf Äußerlichkeiten   "We give nothing for externals" = We pay no attention to externals

SCHMITZ

Vergelt's Gott!

BABETTE

Hier ist Salz.

Er löffelt das Ei.

SCHMITZ

's ist wahr, Madame haben mich ja gar nicht fortge-
schickt, kein Wort davon, 's ist wahr. Bitte um Entschuldigung, daß ich Madame so mißverstanden habe . . .   5

BABETTE

Ist es denn richtig, das Ei?

SCHMITZ

Etwas weich . . . Bitte sehr um Entschuldigung.

Er hat es ausgelöffelt:

Was haben Sie denn sagen wollen, Madame, vorher als
Sie sagten: Rundheraus!

BABETTE

Ja, was hab ich eigentlich sagen wollen . . .   10

Er köpft das zweite Ei.

SCHMITZ

Vergelt's Gott.

Er löffelt das zweite Ei:

Der Willi, der sagt immer, das gibt's gar nicht mehr: Die
private Barmherzigkeit. Es gibt heutzutage keine feinen
Leute mehr. Verstaatlichung! Es gibt keine Menschen
mehr. Sagt er! — drum geht die Welt in den Eimer*   15
— drum! . . .

---

drum geht die Welt in den Eimer "that's why the world goes into the
slop pail" Cf. "the world goes to the dogs"

45

Er salzt das Ei:

Der wird Augen machen*! — wenn er ein solches Frühstück bekommt, der wird Augen machen! . . . Der Willi!

Es klingelt an der Haustür.

SCHMITZ
Vielleicht ist er das.

Es klingelt an der Haustür.

BABETTE
Wer ist der Willi?

SCHMITZ
Der hat Kultur, Madame, Sie werden sehen, der ist doch   5
Kellner gewesen damals im Metropol*, bevor's nieder-
gebrannt ist, das Metropol —

BABETTE
Niedergebrannt?

SCHMITZ
Oberkellner.

Anna ist eingetreten.

BABETTE
Wer ist's?   10

ANNA
Ein Herr.

BABETTE
Und was will er?

Der wird Augen machen   "He will make eyes" = He will be very much
  astonished
Metropol   name of a restaurant or hotel

46

ANNA

Von der Feuerversicherung, sagt er, nämlich er müsse sich das Haus ansehen.

Babette erhebt sich.

Er trägt einen Frack — →tuxedo

Babette und Anna gehen hinaus, Schmitz gießt sich Kaffee ein.

SCHMITZ

Der Willi!

CHOR
    Nun aber sind es schon zwei,
    Die unsern Argwohn erwecken,
    Fahrräder nämlich, verrostete, die
    Jemand gehören, doch wem?

CHORFÜHRER
    Eines seit gestern, das andre seit heut.   5

CHOR
    Wehe!

CHORFÜHRER
    Wieder ist Nacht, und wir wachen.

Eine Turmuhr schlägt.

CHOR
    Viel sieht, wo nichts ist, der Ängstliche,
    Den nämlich schreckt schon der eigene Schatten,
    Kampfmutig findet ihn jedes Gerücht,   10
    So daß er strauchelt,
    So, schreckhaft, lebt er dahin,
    Bis es eintritt:
    In seine Stube.

Die Turmuhr schlägt.

CHORFÜHRER
    Daß sie das Haus nicht verlassen, die zwei,   15
    Wie soll ich's deuten?

Die Turmuhr schlägt.

CHOR
    Blinder als blind ist der Ängstliche,
    Zitternd vor Hoffnung, es sei nicht das Böse,
    Freundlich empfängt er's,

48

Wehrlos, ach, müde der Angst,
Hoffend das beste . . .
Bis es zu spät ist.

Die Turmuhr schlägt.

CHOR
Wehe!

Der Chor setzt sich.

SCENE 3

DACHBODEN

*Schmitz, immer im Kostüm des Ringers, und der Andere, der
seinen Frack ausgezogen hat und nur die weiße Weste trägt,
sind dabei, Fässer in den Estrich zu rollen*, Fässer aus Blech,
wie sie zum Transport von Benzin üblich sind, alles so leise als
möglich; beide haben ihre Schuhe ausgezogen.*

DER ANDERE
    Leise! Leise!

SCHMITZ
    Und wenn er auf die Idee kommt* und die Polizei ruft?

DER ANDERE
    Vorwärts!

SCHMITZ
    Was dann?

---

sind dabei . . . zu rollen   are busy rolling
wenn er auf die Idee kommt   if he gets the idea

51

DER ANDERE
   Langsam! Langsam . . . Halt.

*Sie haben das Faß zu den andern gerollt, die schon im Däm-
merdunkel stehen; der Andere nimmt Putzfäden, um sich die
Finger zu wischen.*

DER ANDERE
   Wieso soll er die Polizei rufen?

SCHMITZ
   Wieso nicht?

DER ANDERE
   Weil er selber strafbar ist.

   punishable

Man hört Gurren von Tauben.

   's ist leider Tag, gehn wir schlafen!   5

Er wirft die Putzfäden weg.

   Jeder Bürger ist strafbar, genaugenommen, von einem
   gewissen Einkommen an. Mach dir keine Sorge! . . .

Es klopft an der verriegelten Tür.

BIEDERMANN
   Aufmachen! Aufmachen!

Es poltert und rüttelt.

DER ANDERE
   Das tönt aber nicht nach* Frühstück.

BIEDERMANN
   Aufmachen! sag ich. Sofort!   10

_____

tönt . . . nach   sounds like

SCHMITZ

So war er noch nie.

Es poltert mehr und mehr. Der Andere zieht seinen Frack an.
Ohne Hast, aber flink. Er zieht die Krawatte zurecht und
wischt sich den Staub ab, dann öffnet er die Tür: — eintritt
Biedermann* im Morgenrock, wobei er den neuen Gesellen, da
dieser hinter der aufgehenden Tür steht, nicht bemerkt.

BIEDERMANN

Herr Schmitz!

SCHMITZ

Guten Morgen, Herr Biedermann, guten Morgen, hoffentlich hat Sie das blöde Gepolter nicht geweckt —

noise

BIEDERMANN

Herr Schmitz!   5

SCHMITZ

Soll nie wieder vorkommen.

BIEDERMANN

Sie verlassen mein Haus. —

Pause.

Ich sage: Sie verlassen mein Haus!

SCHMITZ

Wann?

BIEDERMANN

Sofort.   10

SCHMITZ

Wieso?

---

eintritt Biedermann = Biedermann tritt . . . ein

53

BIEDERMANN

Oder meine Frau (ich kann und ich werde es nicht hindern!) ruft die Polizei.

SCHMITZ

Hm.

BIEDERMANN

Und zwar sofort!

Pause.

Worauf warten Sie? 5

Schmitz, stumm, nimmt seine Schuhe.

Ich will keine Diskussionen!

SCHMITZ

Ich sag ja gar nichts.

BIEDERMANN

Wenn Sie meinen, Herr Schmitz, ich lasse mir alles gefallen*, bloß weil Sie ein Ringer sind — ein solches Gepolter die ganze Nacht — 10

Er zeigt mit gestrecktem Arm zur Tür:

Hinaus! Hinaus! sag ich. Hinaus!

Schmitz spricht zum Andern hinüber.

SCHMITZ

So war er noch nie . . .

Biedermann dreht sich um und ist sprachlos.

DER ANDERE

Mein Name ist Eisenring.

---

ich lasse mir alles gefallen I put up with everything

54

BIEDERMANN
Meine Herren — ?

EISENRING
Wilhelm Maria Eisenring.

BIEDERMANN
Wieso, meine Herrn*, ~~why~~ wieso sind Sie plötzlich zwei?

Schmitz und Eisenring blicken einander an.

Ohne zu fragen!

EISENRING
Siehst du.   5

BIEDERMANN
Was soll das heißen?
~~What is that supposed to mean?~~

EISENRING
Ich hab's dir ja gesagt. Das macht man nicht, Sepp, du
hast kein Benehmen. Ohne zu fragen! Was ist das für
eine Art: — plötzlich sind wir zwei.

BIEDERMANN
Ich bin außer mir.   10
~~I'm beside myself!~~

EISENRING
Siehst du!

Er wendet sich an Biedermann.

Ich hab es ihm gesagt!

Er wendet sich an Schmitz.

Hab ich es dir nicht gesagt?

Schmitz schämt sich.
~~ashamed~~

Herrn Herrn and *Herren* can be used interchangeably

BIEDERMANN

Was stellen Sie sich eigentlich vor*, meine Herren? Schließlich und endlich, meine Herren, bin ich der Hauseigentümer. Ich frage: Was stellen Sie sich eigentlich vor?

Pause.

EISENRING

Antworte, wenn der Herr dich fragt!   5

Pause.

SCHMITZ

Der Willi ist doch mein Freund . . .

BIEDERMANN

Was weiter?

SCHMITZ

Wir sind doch zusammen in die Schule gegangen, Herr Biedermann, schon als Kinder . . .

BIEDERMANN

Und?   10

SCHMITZ

Da hab ich gedacht . . .

BIEDERMANN

Was?

SCHMITZ

Da hab ich gedacht . . .

Pause.

EISENRING

Nichts hast du gedacht!

Was stellen Sie sich eigentlich vor   What can you be thinking of

Er wendet sich an Biedermann:

tries to win him back

Ich versteh Sie vollkommen, Herr Biedermann. Alles
was recht ist*, aber schließlich und endlich —

Er schreit Schmitz an:

home owner

Meinst du eigentlich, ein Hauseigentümer braucht sich
alles gefallen zu lassen?

Er wendet sich an Biedermann:

Der Sepp hat Sie überhaupt nicht gefragt?   5

BIEDERMANN
    Kein Wort!

EISENRING
    Sepp —

BIEDERMANN
    Kein Wort!

EISENRING
    — und dann wunderst du dich, wenn man dich auf die
    Straße wirft?   10

Er schüttelt den Kopf und lacht wie über einen Dummkopf.

BIEDERMANN
    Es ist nicht zum Lachen*, meine Herren. Es ist mir
    bitterernst, meine Herren. Meine Frau ist herzkrank —

EISENRING
    Siehst du!

Alles was recht ist   "All that is proper" = One can put up with all
    sorts of things
Es ist nicht zum Lachen   It is no laughing matter

BIEDERMANN

Meine Frau hat die halbe Nacht nicht geschlafen. Wegen dieser Polterei. Und überhaupt: — Was machen Sie da eigentlich?

Er sieht sich um:

Was, zum Teufel, sollen diese Fässer hier*?

Schmitz und Eisenring sehen dahin, wo keine Fässer sind.

Hier! Bitte! Was ist das?   5

Er klopft auf ein Faß.

Was ist das?

SCHMITZ

Fässer . . .

BIEDERMANN

Wo kommen die her?

SCHMITZ

Weißt du's, Willi? wo sie herkommen.

EISENRING

Import, es steht drauf.   10

BIEDERMANN

Meine Herren —

EISENRING

Irgendwo steht's drauf!

Eisenring und Schmitz suchen die Anschrift.

BIEDERMANN

Ich bin sprachlos. Was stellen Sie sich eigentlich vor? Mein ganzer Dachboden voll Fässer — gestapelt, gerade-zu gestapelt!   15

Was, zum Teufel, sollen diese Fässer hier?   What the devil are these barrels supposed to be doing here?

58

EISENRING
Ja eben*.

BIEDERMANN
Was wollen Sie damit sagen?

EISENRING
Der Sepp hat sich verrechnet . . . Zwölf auf fünfzehn  Meter! hast du gesagt, und dabei hat er keine hundert Quadratmeter, dieser ganze Dachboden . . . Ich kann 5 meine Fässer nicht auf der Straße lassen, Herr Biedermann, das werden Sie verstehen.

BIEDERMANN
Nichts verstehe ich —

Schmitz zeigt eine Etikette.

SCHMITZ
Hier, Herr Biedermann, hier ist die Etikette! label

BIEDERMANN
Ich bin sprachlos — 10

SCHMITZ
Hier steht's, wo sie herkommen. Hier.

BIEDERMANN
— einfach sprachlos.

Er betrachtet die Etikette.

UNTEN (Angestellte) Knechtling ist tot

Anna führt einen Polizisten in die Stube.

ANNA
Ich werde ihn rufen.

Sie geht, und der Polizist wartet.

Ja eben   Yes, precisely

BIEDERMANN
Benzin!? —

Anna kommt nochmals zurück.

ANNA
Und worum handelt es sich*, Herr Wachtmeister?

POLIZIST
Geschäftlich.

Anna geht, und der Polizist wartet.

BIEDERMANN
Ist das wahr, meine Herren, ist das wahr?

EISENRING
Was?   5

BIEDERMANN
Was auf dieser Etikette steht.

Er zeigt ihnen die Etikette.

Wofür halten Sie mich eigentlich*? Das ist mir noch
nicht vorgekommen. Glauben Sie eigentlich, ich kann
nicht lesen?

Sie betrachten die Etikette.

Bitte! —   10

---

worum handelt es sich   what is it about
Wofür halten Sie mich eigentlich?   Really, whom do you take me for?

60

Er lacht, wie man über eine Unverschämtheit lacht:

Benzin!

Er spricht wie ein Untersuchungsrichter:

Was ist in diesen Fässern?

EISENRING
Benzin.

BIEDERMANN
Machen Sie keine Witze! Ich frage zum letzten Mal, was
in diesen Fässern ist. Sie wissen so gut wie ich, daß ₅
Benzin nicht in den Dachboden gehört —

Er fährt mit dem Finger über ein Faß:

Bitte — da: riechen Sie selbst!

Er hält ihnen den Finger unter die Nase:

Ist das Benzin oder ist das kein Benzin?

Sie schnuppern und blicken einander an.

Antworten Sie!

EISENRING
Es ist. ₁₀

SCHMITZ
Es ist.

BEIDE
Eindeutig. *clearly*

BIEDERMANN
Sind Sie eigentlich wahnsinnig? Mein ganzer Dachboden
voll Benzin —

SCHMITZ
Drum, Herr Biedermann, rauchen wir auch nicht. ₁₅

61

BIEDERMANN

Und das, meine Herren, in dieser Zeit, wo man in jeder Zeitung, die man aufschlägt, gewarnt wird. Was denken Sie sich eigentlich? Meine Frau bekommt einen Schlag, wenn Sie das sieht.

EISENRING

Siehst du! 5

BIEDERMANN

Sagen Sie nicht immer: Siehst du!

EISENRING

Das kannst du einer Frau nicht zumuten, Sepp, einer Hausfrau, ich kenne die Hausfrauen —

Anna ruft im Treppenhaus.

ANNA

Herr Biedermann! Herr Biedermann!

Biedermann macht die Türe zu.

BIEDERMANN

Herr Schmitz! Herr — 10

EISENRING

Eisenring.

BIEDERMANN

Wenn Sie diese Fässer nicht augenblicklich aus dem Hause schaffen, aber augenblicklich! sag ich —

EISENRING

Dann rufen Sie die Polizei.

BIEDERMANN

Ja. 15

SCHMITZ

Siehst du!

Anna ruft im Treppenhaus.

ANNA
Herr Biedermann!

Biedermann flüstert.

BIEDERMANN
Das war mein letztes Wort!

EISENRING
Welches?

BIEDERMANN
Ich dulde kein Benzin in meinem Dachstock. Ein für allemal*! Ich dulde es nicht. 5

Es klopft an die Tür.

Ich komme!

Er öffnet die Tür, um zu gehen, und eintritt ein Polizist.

POLIZIST
Da sind Sie ja, Herr Biedermann, da sind Sie ja. Sie brauchen nicht herunter zu kommen, ich will nicht lange stören.

BIEDERMANN
Guten Morgen! 10

POLIZIST
Guten Morgen!

EISENRING
Morgen . . .

SCHMITZ
Morgen . . .

Schmitz und Eisenring verneigen sich.

POLIZIST
Es handelt sich um einen Unfall —

Ein für allemal! Once and for all!

BIEDERMANN
Um Gottes willen!

POLIZIST
Ein alter Mann, dessen Frau behauptet, er habe bei Ihnen gearbeitet — als Erfinder! — hat sich heute nacht unter den Gashahn gelegt.

Er sieht in seinem Notizbüchlein nach.

POLIZIST
Knechtling, Johann, wohnhaft Roßgasse 11.   5

Er steckt das Büchlein ein.

Haben Sie einen solchen gekannt?

BIEDERMANN
Ich —

POLIZIST
Vielleicht ist's Ihnen lieber, Herr Biedermann, wenn wir unter vier Augen —

BIEDERMANN
Ja.   10

POLIZIST
Geht ja die Angestellten nichts an!

BIEDERMANN
Nein —

Er bleibt in der Tür stehen.

Wenn mich jemand sucht, meine Herren, ich bin bei der Polizei. Verstanden? Ich komme sofort.

Schmitz und Eisenring nicken.

POLIZIST
Herr Biedermann —   15

BIEDERMANN
Gehen wir!

POLIZIST
Was haben Sie denn in diesen Fässern da?

BIEDERMANN
— ich?

POLIZIST
Wenn man fragen darf.

BIEDERMANN
. . . Haarwasser . . .   5

Er blickt zu Schmitz und Eisenring.

EISENRING
HORMOFLOR.

SCHMITZ
»Die Männerwelt atmet auf*.«

EISENRING
HORMOFLOR.

SCHMITZ
»Versuchen Sie es noch heute.«

EISENRING
»Sie werden es nicht bereuen.«   10

BEIDE
HORMOFLOR, HORMOFLOR, HORMOFLOR.

Der Polizist lacht.

BIEDERMANN
Ist er tot?

Biedermann und der Polizist gehen.

"Die Männerwelt atmet auf" advertising slogan for Hormoflor hair
tonic: (The world of) men breathe(s) a sigh of relief

EISENRING
Eine Seele von Mensch*.

SCHMITZ
Hab ich's nicht gesagt?

EISENRING
Aber von Frühstück kein Wort.

SCHMITZ
So war er noch nie . . .

Eisenring greift in seine Hosentasche.

EISENRING
Hast du die Zündkapsel? *detonator*

Schmitz greift in seine Hosentasche.

SCHMITZ
So war er noch nie . . .

———————

Eine Seele von Mensch   "A soul of a man" = A dear sweet man

CHOR

Strahl der Sonne,
Wimper, o göttlichen Auges*,
Aufleuchtet noch einmal
Tag
Über den traulichen Dächern der Stadt.   5

CHORFÜHRER

Heute wie gestern.

CHOR

Heil uns!

CHORFÜHRER

Nichts ist geschehen der schlafenden Stadt.

CHOR

Heil uns!

CHORFÜHRER

Immer noch nichts . . .   10

CHOR

Heil uns!

Man hört Verkehrslärm, Hupen, Straßenbahn.

CHORFÜHRER

Klug ist und Herr über manche Gefahr,
Wenn er bedenkt, was er sieht,
Der Mensch.
Aufmerkenden Geistes* vernimmt er   15
Zeichen des Unheils
Zeitig genug, wenn er will.

CHOR

Was aber, wenn er nicht will?

Wimper, o göttlichen Auges   O thou eyelash of the divine eye
Aufmerkenden Geistes   with an alert mind

CHORFÜHRER
Der, um zu wissen, was droht,
Zeitungen liest
Täglich zum Frühstück entrüstet
Über ein fernes Ereignis,
Täglich beliefert mit Deutung, 5
Die ihm das eigene Sinnen erspart,
Täglich erfahrend, was gestern geschah,
Schwerlich durchschaut er, was eben geschieht
Unter dem eigenen Dach: —

CHOR
Unveröffentlichtes! 10

CHORFÜHRER
Offenkundiges.

CHOR
Hanebüchenes!

CHORFÜHRER
Tatsächliches.

CHOR
Ungern durchschaut er's, denn sonst —

Der Chorführer unterbricht mit einem Zeichen der Hand.

CHORFÜHRER
Hier kommt er. 15

Der Chor schwenkt die Front.

CHOR
Nichts ist geschehen der schlafenden Stadt,
Heute wie gestern,
Um zu vergessen, was droht,
Stürzt sich der Bürger
Sauber rasiert 20
In sein Geschäft . . .

Auftritt Biedermann in Mantel und Hut, Mappe im Arm.

69

BIEDERMANN
Taxi! . . . Taxi? . . . Taxi!

Der Chor steht ihm im Weg.

Was ist los?

CHOR
Wehe!

BIEDERMANN
Sie wünschen?

CHOR
Wehe! 5

BIEDERMANN
Das sagten Sie schon.

CHOR
Dreimal Wehe!

BIEDERMANN
Wieso?

CHORFÜHRER
Allzuverdächtiges, scheint uns,
Feuergefährliches hat sich enthüllt 10
Unseren Blicken wie deinen.
Wie soll ich's deuten?
Fässer voll Brennstoff im Dach —

Biedermann schreit.

BIEDERMANN
Was geht das Sie an!

Schweigen.

Lassen Sie mich durch. — Ich muß zu meinem Rechts- 15
anwalt. — Was will man von mir? — Ich bin unschuldig . . .

70

Biedermann erscheint verängstigt.

Soll das ein Verhör sein?

Biedermann zeigt herrenhafte Sicherheit:

Lassen Sie mich durch, ja.

Der Chor steht reglos.

CHOR
Nimmer geziemt es dem Chor,
Richter zu sein über Bürger, die handeln.

CHORFÜHRER
Der nämlich zusieht von außen, der Chor,   5
Leichter begreift er, was droht.

CHOR
Fragend nur, höflich
Noch in Gefahr, die uns schreckt,
Warnend nur, ach kalten Schweißes gefaßt
Naht sich bekanntlich der Chor*,   10
Ohnmächtig-wachsam, mitbürgerlich,
Bis es zum Löschen zu spät ist,
Feuerwehrgleich.

Biedermann blickt auf seine Armbanduhr.

BIEDERMANN
Ich bin eilig.

CHOR
Wehe!   15

BIEDERMANN
Ich weiß wirklich nicht, was Sie wünschen.

CHORFÜHRER
Daß du sie duldest, die Fässer voll Brennstoff,
Biedermann Gottlieb, wie hast du's gedeutet?

---

kalten Schweißes gefaßt naht sich bekanntlich der Chor in cold sweat,
composed, the chorus, as is well known, approaches

71

BIEDERMANN
Gedeutet?

CHORFÜHRER
Wissend auch du, wie brennbar die Welt ist,
Biedermann Gottlieb, was hast du gedacht?

BIEDERMANN
Gedacht?

Er mustert den Chor:

Meine Herrn, ich bin ein freier Bürger. Ich kann denken, 5
was ich will. Was sollen diese Fragen*? Ich habe das
Recht, meine Herrn, überhaupt nichts zu denken — ganz
abgesehen davon*, meine Herrn: Was unter meinem
Dach geschieht — ich muß schon sagen, schließlich und
endlich bin ich der Hauseigentümer! . . . 10

CHOR
Heilig sei Heiliges uns*,
Eigentum,
Was auch entstehe daraus,
Nimmerzulöschendes einst,
Das uns dann alle versengt und verkohlt: 15
Heilig sei Heiliges uns!

BIEDERMANN
Also. —

Schweigen.

Warum lassen Sie mich nicht durch?

Schweigen.

Man soll nicht immer das Schlimmste denken. Wo führt
das hin! Ich will meine Ruhe und meinen Frieden haben, 20

Was sollen diese Fragen?   What is the point of these questions?
ganz abgesehen davon   quite aside from that
Heilig sei Heiliges uns, . . . versengt und verkohlt   Let that which is
  sacred, personal property, be sacred to us, whatsoever may come of
  it, the inextinguishable one day, which will then singe and char us
  all

72

nichts weiter, und was die beiden Herren betrifft — ganz abgesehen davon, daß ich zurzeit andere Sorgen habe . . .

Auftritt Babette in Mantel und Hut.
Was willst du hier?

BABETTE
Stör ich?

BIEDERMANN
Ich habe eine Besprechung mit dem Chor.   5

Babette nickt zum Chor, dann flüstert sie Biedermann ins Ohr.

BIEDERMANN
Natürlich mit Schleife! Das spielt doch keine Rolle*, was er kostet, Hauptsache, daß es ein Kranz ist.

Babette nickt zum Chor.

BABETTE
Sie verzeihen, meine Herren.

Babette entfernt sich.

BIEDERMANN
. . . kurz und gut, meine Herrn, ich habe es satt*. Ihr mit euren Brandstiftern! Ich geh an keinen Stammtisch 10
mehr, so satt hab ich's. Kann man eigentlich nichts andres mehr reden heutzutag? Schließlich lebe ich nur einmal. Wenn wir jeden Menschen, ausgenommen uns selbst, für einen Brandstifter halten, wie soll es jemals besser werden? Ein bißchen Vertrauen, Herrgottnochmal, 15
muß man schon haben, ein bißchen guten Willen. Finde ich. Nicht immer nur das Böse sehen. Herrgottnochmal! Nicht jeder Mensch ist ein Brandstifter. Finde ich! Ein bißchen Vertrauen, ein bißchen . . .

Pause.

Ich kann nicht Angst haben die ganze Zeit!   20

Das spielt doch keine Rolle   "That plays no role" = That doesn't matter
ich habe es satt   I'm sick of it

Pause.

Heute nacht, meinen Sie denn, ich habe ein einziges
Auge geschlossen? Ich bin ja nicht blöd. Benzin ist Benzin! Ich habe mir die allerschwersten Gedanken gemacht
— auf den Tisch bin ich gestiegen, um zu horchen, und
später sogar auf den Schrank, um mein Ohr an die Zim- 5
merdecke zu legen. Jawohl! Geschnarcht haben sie.
Geschnarcht! Mindestens vier Mal bin ich auf den
Schrank gestiegen. Ganz friedlich geschnarcht! . . . Und
trotzdem: — Einmal stand ich schon draußen im Treppenhaus, ob Sie's glauben oder nicht, im Pyjama — vor 10
Wut. Ich war drauf und dran*, die beiden Halunken zu
wecken und auf die Straße zu werfen — mitsamt ihren
Fässern! — eigenhändig, rücksichtslos, mitten in der
Nacht!

CHOR
Eigenhändig? 15

BIEDERMANN
Ja.

CHOR
Rücksichtslos?

BIEDERMANN
Ja.

CHOR
Mitten in der Nacht?

BIEDERMANN
Ich war drauf und dran, ja — wäre meine Frau nicht 20
gekommen, die fürchtete, daß ich mich erkälte — drauf
und dran!

Er nimmt sich eine Zigarre aus Verlegenheit.

Ich war drauf und dran I was just about to
aus Verlegenheit in his embarrassment

CHORFÜHRER

Wie soll ich's abermals deuten?
Schlaflos verging ihm die Nacht.
Daß sie die Güte des Bürgers mißbrauchen,
Schien es ihm denkbar?
Argwohn befiel ihn. Wieso? 5

Biedermann zündet seine Zigarre an.

CHOR

Schwer hat es, wahrlich, der Bürger!
Der nämlich, hart im Geschäft,
Sonst aber Seele von Mensch,
Gerne bereit ist,
Gutes zu tun. 10

CHORFÜHRER

Wo es ihm paßt.

CHOR

Hoffend, es komme das Gute
Aus Gutmütigkeiten,
Der nämlich irrt sich gefährlich.

BIEDERMANN

Was wollen Sie damit sagen? 15

CHOR

Uns nämlich dünkte, es stinkt nach Benzin.

Biedermann schnuppert.

BIEDERMANN

Also, meine Herren, ich rieche nichts . . .

CHOR

Weh uns!

BIEDERMANN

Rein gar nichts*.

Rein gar nichts Simply nothing at all

75

CHOR
    Weh uns!

CHORFÜHRER
    So schon gewohnt ist er bösen Geruch.

CHOR
    Weh uns!

BIEDERMANN
    Und kommen Sie nicht immer mit diesem Defaitismus,
    meine Herrn, sagen Sie nicht immer: Weh uns!   5

Man hört ein Auto hupen.

    Taxi! — Taxi!

Man hört, wie ein Auto stoppt.

    Sie entschuldigen.

Biedermann geht in Eile weg.

CHOR
    Bürger — wohin!?

Man hört, wie ein Auto losfährt.

CHORFÜHRER
    Was hat er vor, der Unselige, jetzt?
    Ängstlich-verwegen, so schien mir, und bleich   10
    Lief er davon,
    Ängstlich-entschlossen: wozu?

Man hört, wie ein Auto hupt.

CHOR
    So schon gewohnt ist er bösen Geruch!

Man hört das Hupen in der Ferne.

    Weh uns!

CHORFÜHRER

Weh euch.

Der Chor tritt zurück, ausgenommen der Chorführer, der seine Pfeife nimmt.

CHORFÜHRER

Der die Verwandlungen scheut
Mehr als das Unheil,
Was kann er tun
Wider das Unheil?   5

Er folgt dem Chor.

SCENE 4

DACHBODEN

Eisenring ist allein und arbeitet, indem er Schnur von einem Haspel wickelt, und pfeift dazu: Lili Marlen*. Er unterbricht sein Pfeifen, um den Zeigfinger zu nässen, und hält den Zeigfinger durch die Lukarne hinaus, um den Wind zu prüfen.

STUBE

Eintritt Biedermann, gefolgt von Babette, er zieht seinen Mantel aus und wirft die Mappe hin, die Zigarre im Mund.

BIEDERMANN
  Tu, was ich dir sage.

BABETTE
  Eine Gans?

BIEDERMANN
  Eine Gans.

Lili Marlen   a popular song

79

Er zieht die Krawatte aus, die Zigarre im Mund.

BABETTE
    Warum ziehst du die Krawatte aus, Gottlieb?

Er übergibt ihr die Krawatte.

BIEDERMANN
    Wenn ich sie anzeige, die beiden Gesellen, dann weiß ich,
    daß ich sie zu meinen Feinden mache. Was hast du
    davon*! Ein Streichholz genügt, und unser Haus steht in
    Flammen. Was hast du davon? Wenn ich hinaufgehe 5
    und sie einlade — sofern sie meine Einladung an-
    nehmen . . .

BABETTE
    Dann?

BIEDERMANN
    Sind wir eben Freunde. —

Er zieht seine Jacke aus, übergibt sie seiner Frau und geht.

BABETTE
    Damit Sie's wissen, Anna: Sie haben dann heute abend 10
    keinen Ausgang*. Wir haben Gesellschaft*. Sie decken
    den Tisch für vier Personen.

DACHBODEN

Eisenring singt Lili Marlen, dann klopft es an die Tür.

EISENRING
    Herein!

Er pfeift weiter, aber niemand tritt ein.

    Herein!

Was hast du davon! "What do you have from it?" = What good will
    that do you?
keinen Ausgang no time off
Wir haben Gesellschaft We're having company

80

Eintritt Biedermann, hemdärmelig, die Zigarre in der Hand.

EISENRING
    Morgen, Herr Biedermann!

BIEDERMANN
    Sie gestatten?

EISENRING
    Wie haben Sie geschlafen?

BIEDERMANN
    Danke, miserabel.

EISENRING
    Ich auch. Wir haben Föhn* . . .   5

Er arbeitet weiter mit Schnur und Haspel.

BIEDERMANN
    Ich möchte nicht stören.

EISENRING
    Aber bitte, Herr Biedermann, Sie sind hier zu Haus.

BIEDERMANN
    Ich möchte mich nicht aufdrängen . . .

Man hört Gurren der Tauben.

    Wo ist denn unser Freund?

EISENRING
    Der Sepp? An der Arbeit, der faule Hund. Wollte nicht 10
    gehen ohne Frühstück! Ich hab ihn geschickt, um Holz-
    wolle aufzutreiben.

BIEDERMANN
    Holzwolle —?

Föhn   a warm, debilitating wind, common in Switzerland

EISENRING
Holzwolle trägt die Funken am weitesten.

Biedermann lacht höflich wie über einen schwachen Witz.

BIEDERMANN
Was ich habe sagen wollen, Herr Eisenring —

EISENRING
Sie wollen uns wieder hinausschmeißen?

BIEDERMANN
Mitten in der Nacht (meine Schlafpillen sind alle) ist es mir eingefallen: Sie haben ja hier oben, meine Herren, 5 gar keine Toilette —

EISENRING
Wir haben die Dachrinne.

BIEDERMANN
Wie Sie wollen, meine Herren, wie Sie wollen. Es ging mir nur so durch den Kopf. Die ganze Nacht. Vielleicht möchten Sie sich waschen oder duschen. Benutzen Sie 10 getrost mein Badzimmer*! Ich habe Anna gesagt, sie soll Handtücher hinlegen.

Eisenring schüttelt den Kopf.

Warum schütteln Sie den Kopf?

EISENRING
Wo hat er sie jetzt wieder hingelegt?

BIEDERMANN
Was?   15

EISENRING
Haben Sie irgendwo eine Zündkapsel gesehen?

Benutzen Sie getrost mein Badzimmer   Feel free to use my bathroom

Er sucht da und dort.

Machen Sie sich keine Sorge, Herr Biedermann, wegen
Badzimmer. Im Ernst. Im Gefängnis, wissen Sie, gab's
auch kein Badzimmer.

BIEDERMANN
Gefängnis?

EISENRING
Hat Ihnen denn der Sepp nicht erzählt, daß ich aus dem 5
Gefängnis komme?

BIEDERMANN
Nein.

EISENRING
Kein Wort?

BIEDERMANN
Nein.

EISENRING
Der erzählt alleweil nur von sich selbst. Gibt* solche 10
Leute! Schließlich was können wir dafür*, daß er so
eine tragische Jugend gehabt hat. Haben Sie, Herr
Biedermann, eine tragische Jugend gehabt? Ich nicht! —
ich hätte studieren können, Papa wollte, daß ich Jurist
werde. 15

Er steht an der Lukarne und unterhält sich mit den Tauben:

Grrr! Grrr! Grrr!

Biedermann zündet wieder seine Zigarre an.

BIEDERMANN
Herr Eisenring, ich habe die ganze Nacht nicht geschlafen, offengesprochen: — ist wirklich Benzin in
diesen Fässern?

Gibt = Es gibt
Schließlich was können wir dafür   After all, how can we help it

EISENRING
Sie trauen uns nicht?

BIEDERMANN
Ich frag ja nur.

EISENRING
Wofür halten Sie uns, Herr Biedermann, offen gesprochen; wofür eigentlich?

BIEDERMANN
Sie müssen nicht denken, mein Freund, daß ich keinen 5
Humor habe, aber ihr habt eine Art zu scherzen, ich muß
schon sagen. —

EISENRING
Wir lernen das.

BIEDERMANN
Was?

EISENRING
Scherz ist die drittbeste Tarnung. Die zweitbeste: 10
Sentimentalität. Was unser Sepp so erzählt: Kindheit
bei Köhlern im Wald, Waisenhaus, Zirkus und so. Aber
die beste und sicherste Tarnung (finde ich) ist immer
noch die blanke und nackte Wahrheit. Komischerweise.
Die glaubt niemand. 15

STUBE

Anna führt die schwarze Witwe Knechtling herein.

ANNA
Nehmen Sie Platz!

Die Witwe setzt sich.

Aber wenn Sie die Frau Knechtling sind, dann hat's
keinen Zweck, Herr Biedermann möchte nichts mit Ihnen
zu tun haben, hat er gesagt —

Die Witwe erhebt sich.

Nehmen Sie Platz!

Die Witwe setzt sich.

Aber machen Sie sich keine Hoffnung . . .

Anna geht hinaus.

DACHBODEN

Eisenring steht und hantiert, Biedermann steht und raucht.

EISENRING
Wo unser Sepp nur so lange bleibt! Holzwolle ist doch keine Sache*. Hoffentlich haben sie ihn nicht geschnappt.

BIEDERMANN
Geschnappt?   5

EISENRING
Warum belustigt Sie das?

BIEDERMANN
Wenn Sie so reden, wissen Sie, Herr Eisenring, Sie kommen für mich wie aus einer andern Welt. Geschnappt! Ich finde es ja faszinierend. Wie aus einer andern Welt! In unseren Kreisen, wissen Sie, wird selten 10 jemand geschnappt —

EISENRING
Weil man in Ihren Kreisen keine Holzwolle stiehlt, das ist klar, Herr Biedermann, das ist der Klassenunterschied.

BIEDERMANN
Unsinn!

Holzwolle ist doch keine Sache "Excelsior is no matter" = Excelsior is not difficult to come by

EISENRING

    Sie wollen doch nicht sagen, Herr Biedermann ——

BIEDERMANN

    Ich glaube nicht an Klassenunterschiede! — das müssen Sie doch gespürt haben, Eisenring, ich bin nicht altmodisch. Im Gegenteil. Ich bedaure es aufrichtig, daß man gerade in den unteren Klassen immer noch von 5 Klassenunterschied schwatzt. Sind wir denn heutzutage nicht alle, ob arm oder reich, Geschöpfe eines gleichen Schöpfers? Auch der Mittelstand. Sind wir, Sie und ich, nicht Menschen aus Fleisch und Blut? . . . Ich weiß nicht, mein Herr, ob Sie auch Zigarren rauchen? 10

Er bietet an, aber Eisenring schüttelt den Kopf.

    Ich rede nicht für Gleichmacherei*, versteht sich, es wird immer Tüchtige und Untüchtige geben, Gott sei Dank, aber warum reichen wir uns nicht einfach die Hände? Ein bißchen guten Willen, Herrgottnochmal, ein bißchen Idealismus, ein bißchen — und wir alle hätten unsere 15 Ruhe und unseren Frieden, die Armen und die Reichen, meinen Sie nicht?

EISENRING

    Wenn ich offen sein darf, Herr Biedermann: —

BIEDERMANN

    Ich bitte drum.

EISENRING

    Nehmen Sie's nicht krumm*? 20

BIEDERMANN

    Je offener, umso besser.

EISENRING

    Ich meine: — offengesprochen: — Sie sollten hier nicht rauchen.

Ich rede nicht für Gleichmacherei "I don't speak for equalization" = I don't advocate equalization
Nehmen Sie's nicht krumm? You won't take it the wrong way?

Biedermann erschrickt und löscht die Zigarre.

Ich habe Ihnen hier keine Vorschriften zu machen, Herr
Biedermann, schließlich und endlich ist es Ihr eignes
Haus, aber Sie verstehen —

BIEDERMANN
Selbstverständlich!

Eisenring bückt sich.

EISENRING
Da liegt sie ja!   5

*Er nimmt etwas vom Boden und bläst es sauber, bevor er es an
der Schnur befestigt, neuerdings pfeifend: Lili Marlen.*

BIEDERMANN
Sagen Sie, Herr Eisenring: Was machen Sie eigentlich
die ganze Zeit? Wenn ich fragen darf. Was ist das
eigentlich?

EISENRING
Die Zündkapsel.

BIEDERMANN
— ?   10

EISENRING
Und das ist die Zündschnur.

BIEDERMANN
— ?

EISENRING
Es soll jetzt noch bessere geben, sagt der Sepp, neuerdings. Aber die haben sie noch nicht in den Zeughäusern,
und kaufen kommt für uns ja nicht in Frage. Alles was 15
mit Krieg zu tun hat, ist furchtbar teuer, immer nur erste
Qualität.

BIEDERMANN
Zündschnur? sagen Sie.

87

EISENRING
Knallzündschnur.

Er gibt Biedermann das Ende der Schnur:

Wenn Sie so freundlich sein möchten, Herr Biedermann, dieses Ende zu halten, damit ich messen kann.

Biedermann hält die Schnur.

BIEDERMANN
Spaß beiseite*, mein Freund —

EISENRING
Nur einen Augenblick!   5

Er pfeift Lili Marlen und mißt die Zündschnur.

Danke, Herr Biedermann, danke sehr!

Biedermann muß plötzlich lachen.

BIEDERMANN
Nein, Willi, mich können Sie nicht ins Bockshorn jagen*. Mich nicht! Aber ich muß schon sagen, Sie verlassen sich sehr auf den Humor der Leute. Sehr! Wenn Sie so reden, kann ich mir schon vorstellen, daß man Sie ab und 10 zu* verhaftet. Nicht alle, mein Freund, nicht alle haben soviel Humor wie ich!

EISENRING
Man muß die Richtigen finden.

BIEDERMANN
An meinem Stammtisch zum Beispiel, die sehen schon Sodom und Gomorra, wenn man nur sagt, man glaube 15 an das Gute in den Menschen.

EISENRING
Ha.

Spaß beiseite   All joking aside
mich können Sie nicht ins Bockshorn jagen   "you can't chase me into the horn of a buck" = you can't scare me
ab und zu   now and then

BIEDERMANN
Und dabei habe ich unsrer Feuerwehr eine Summe ge-
stiftet, die ich gar nicht nennen will.

EISENRING
Ha.

Er legt die Zündschnur aus:
Die Leute, die keinen Humor haben, sind genau so verloren, wenn's losgeht; seien Sie getrost!   5

Biedermann muß sich auf ein Faß setzen, Schweiß.

Was ist denn? Herr Biedermann? Sie sind ja ganz bleich!

Er klopft ihm auf die Schulter:

Das ist dieser Geruch, ich weiß, wenn's einer nicht gewohnt ist, dieser Benzingeruch, ich werde noch ein Fen-
sterchen öffnen —

Eisenring öffnet die Tür.

BIEDERMANN
Danke . . .   10

Anna ruft im Treppenhaus.

ANNA
Herr Biedermann! Herr Biedermann!

EISENRING
Schon wieder die Polizei?

ANNA
Herr Biedermann!

EISENRING
Wenn das kein Polizeistaat ist.

ANNA
Herr Biedermann —   15

BIEDERMANN
Ich komme!

Es wird nur noch geflüstert:

Herr Eisenring, mögen Sie Gans?

EISENRING
Gans?

BIEDERMANN
Gans, ja, Gans.

EISENRING
Mögen? Ich? Wieso?   5

BIEDERMANN
Gefüllt mit Kastanien.

EISENRING
Und Rotkraut dazu?

BIEDERMANN
Ja . . . Was ich nämlich habe sagen wollen: Meine Frau
und ich, vor allem ich* — ich dachte nur: Wenn es
Ihnen Freude macht . . . Ich will mich nicht aufdrängen! 10
— wenn es Ihnen Freude macht, Herr Eisenring, zu
einem netten Abendessen zu kommen, Sie und der Sepp —

EISENRING
Heute?

BIEDERMANN
Oder lieber morgen?

EISENRING
Morgen, glaub ich, sind wir nicht mehr da. Aber heute 15
mit Vergnügen, Herr Biedermann, mit Vergnügen!

BIEDERMANN
Sagen wir: Sieben Uhr.

Anna ruft im Treppenhaus.

──────────────

vor allem ich   most of all I

90

ANNA
Herr Biedermann!

Er gibt die Hand.

BIEDERMANN
Abgemacht?

EISENRING
Abgemacht.

Biedermann geht und bleibt in der Türe nochmals stehen, freundlich nickend, während er einen stieren Blick auf Fässer und Zündschnur wirft.

EISENRING
Abgemacht!

Biedermann geht, und Eisenring arbeitet weiter, indem er pfeift. Vortritt der Chor, als wäre die Scene zu Ende; aber im Augenblick, wo der Chor sich an der Rampe versammelt hat, gibt es Lärm auf dem Dachboden; irgend etwas ist umgefallen.

DACHBODEN

EISENRING
Du kannst rauskommen, Doktor.   5

Ein Dritter kriecht zwischen den Fässern hervor, Brillenträger.

Du hast's gehört: Wir müssen zu einem Nachtessen, der Sepp und ich, du machst die Wache hier. Daß keiner hereinkommt und raucht. Verstanden? Bevor's Zeit ist.

Der Dritte putzt seine Brille.

Ich frag mich manchmal, Doktor, was du eigentlich machst bei uns, wenn du keine Freude hast an Feuers- 10 brünsten, an Funken und prasselnden Flammen, an Sirenen, die immer zu spät sind, an Hundegebell und Rauch und Menschengeschrei — und Asche.

91

Der Dritte setzt seine Brille auf; stumm und ernst. Eisenring lacht:

<u>W</u>eltverbesserer! *he's a revolutionary*

Er pfeift eine kurze Weile vor sich hin, ohne den Doktor anzusehen.

Ich mag euch Akademiker nicht, aber das weißt du, Doktor, das sagte ich dir sofort: 's ist keine rechte Freude dabei*, euresgleichen ist immer so ideologisch, immer so ernst, bis es reicht zum Verrat* — 's ist keine rechte 5
Freude dabei.

Er hantiert weiter und pfeift weiter.

's ist keine rechte Freude dabei   there's no real joy in it
bis es reicht zum Verrat   until it is enough for treason

CHOR

Wir sind bereit.
Sorgsam gerollt sind die Schläuche, die roten,
Alles laut Vorschrift,
Blank ist und sorgsam geschmiert und aus Messing
Jeglicher Haspel.   5
Jedermann weiß, was zu tun ist.

CHORFÜHRER

Leider herrscht Föhn —

CHOR

Jedermann weiß, was zu tun ist,
Blank auch und sorgsam geprüft,
Daß es an Druck uns nicht fehle,   10
Ist unsere Pumpe,
Gleichfalls aus Messing.

CHORFÜHRER

Und die Hydranten?

CHOR

Jedermann weiß, was zu tun ist.

CHORFÜHRER

Wir sind bereit. —   15

Es kommen Babette, eine Gans in der Hand, und der Dr. phil.

BABETTE

Ja, Herr Doktor, ja, ich weiß, aber mein Mann, ja, es ist
dringend, Herr Doktor, es ist dringend, ja, ich werde es
ihm sagen —

Sie läßt den Doktor stehen und tritt an die Rampe:

Mein Mann hat eine Gans bestellt, bitte, da ist sie. Und
ich soll sie braten! Damit wir Freunde werden mit denen 20
da oben.

93

Man hört Kirchenglockengeläute.

Es ist Samstagabend, wie Sie hören, und ich werde so
eine dumme Ahnung nicht los: daß sie vielleicht zum
letzten Mal so läuten, die Glocken unsrer Stadt . . .

Biedermann ruft nach Babette.

Ich weiß nicht, meine Damen, ob Gottlieb immer recht
hat. Das hat er nämlich schon einmal gesagt: Natürlich   5
sind's* Halunken, aber wenn ich sie zu meinen Feinden
mache, Babette, dann ist unser Haarwasser hin*! Und
kaum war er in der Partei —

Biedermann ruft nach Babette.

Immer das gleiche! Ich kenne meinen Gottlieb. Immer
wieder ist er zu gutmütig, ach, einfach zu gutmütig!   10

Babette geht mit der Gans.

CHOR
Einer mit Brille.
Sohn wohl aus besserem Haus*,
Neidlos,
Aber belesen, so scheint mir, und bleich,
Nimmermehr hoffend, es komme das Gute   15
Aus Gutmütigkeit,
Sondern entschlossen zu jedweder Tat,
Nämlich es heiligt die Mittel (so hofft er) der Zweck,
Ach,
Hoffend auch er . . . bieder-unbieder*!   20
Putzend die Brille, um Weitsicht zu haben,
Sieht er in Fässern voll Brennstoff
Nicht Brennstoff —
Er nämlich sieht die Idee!
Bis es brennt.   25

---

sind's = sind es   they are
dann ist unser Haarwasser hin   then that's the end of our hair tonic
aus besserem Haus   of good family
bieder-unbieder   honestly dishonest

94

DR. PHIL.
>Guten Abend . . .

CHORFÜHRER
>An die Schläuche*!
>An die Pumpe!
>An die Leiter!

Die Feuerwehrmänner rennen an ihre Plätze.

CHORFÜHRER
>Guten Abend.   5

Zum Publikum; nachdem man Bereit-Rufe von überall gehört hat:

>Wir sind bereit. —

An die Schläuche!   To the hoses!

SCENE 5

Die Witwe Knechtling ist noch immer da, sie steht. Man hört das Glockengeläute sehr laut. Anna deckt den Tisch, und Biedermann bringt zwei Sessel.

BIEDERMANN
— weil ich, wie Sie sehen, keine Zeit habe, Frau Knechtling, keine Zeit, um mich mit Toten zu befassen — wie
gesagt*: Wenden Sie sich an meinen Rechtsanwalt.

Die Witwe Knechtling geht.

Man hört ja seine eigne Stimme nicht, Anna, machen Sie
das Fenster zu!   5

Anna macht das Fenster zu, und das Geläute tönt leiser.

Ich habe gesagt: Ein schlichtes und gemütliches Abendessen. Was sollen diese idiotischen Kandelaber!

ANNA
Haben wir aber immer, Herr Biedermann.

---

wie gesagt   as I said

BIEDERMANN

Schlicht und gemütlich, sag ich. Nur keine Protzerei!
— und diese Wasserschalen, verdammt nochmal! diese
Messerbänklein, Silber, nichts als* Silber und Kristall.
Was macht das für einen Eindruck!

*Er sammelt die Messerbänklein und steckt sie in die Hosen-
tasche:*

Sie sehen doch, Anna, ich trage meine älteste Hausjacke, 5
und Sie — Das große Geflügelmesser können Sie lassen,
Anna, das brauchen wir. Aber sonst: Weg mit diesem
Silber! Die beiden Herren sollen sich wie zu Haus fühlen
. . . Wo ist der Korkenzieher?

ANNA

Hier. 10

BIEDERMANN

Haben wir nichts Einfacheres?

ANNA

In der Küche, aber der ist rostig.

BIEDERMANN

Her damit!

Er nimmt einen Silberkübel vom Tisch:

Was soll denn das*?

ANNA

Für den Wein — 15

BIEDERMANN

Silber!

Er starrt auf den Kübel und dann auf Anna:

Haben wir das immer?

---

nichts als nothing but
Was soll denn das? What's the point of that?

ANNA

Das braucht man doch, Herr Biedermann.

BIEDERMANN

Brauchen! Was heißt brauchen? Was wir brauchen, das ist Menschlichkeit, Brüderlichkeit. Weg damit! — und was, zum Teufel, bringen Sie denn da?

ANNA

Servietten.   5

BIEDERMANN

Damast!

ANNA

Wir haben keine andern.

Er sammelt die Servietten und steckt sie in den Silberkübel.

BIEDERMANN

Es gibt ganze Völkerstämme, die ohne Servietten leben, Menschen wie wir —

Eintritt Babette mit einem großen Kranz, Biedermann bemerkt sie noch nicht, er steht vor dem Tisch:

Ich frage mich, wozu wir überhaupt ein Tischtuch brau- 10 chen —

BABETTE

Gottlieb?

BIEDERMANN

Nur keine Klassenunterschiede!

Er sieht Babette.

Was soll dieser Kranz*?

Was soll dieser Kranz?   What is this wreath doing here?

99

BABETTE

Den wir bestellt haben. Was sagst du dazu, Gottlieb, jetzt schicken sie den Kranz hierher. Dabei habe ich ihnen selber die Adresse geschrieben, die Adresse von Knechtlings, schwarz auf weiß. Und die Schleife und alles ist verkehrt! 5

BIEDERMANN

Die Schleife, wieso?

BABETTE

Und die Rechnung, sagt der Bursche, die haben sie an die Frau Knechtling geschickt.

Sie zeigt die Schleife:

UNSEREM UNVERGESSLICHEN GOTTLIEB BIEDERMANN.

Er betrachtet die Schleife.

BIEDERMANN

Das nehmen wir nicht an. Kommt nicht in Frage! Das 10 müssen sie ändern —

Er geht zum Tisch zurück:

Mach mich jetzt nicht nervös, Babette, ich habe anderes zu tun, Herrgott nochmal, ich kann nicht überall sein.

Babette geht mit dem Kranz.

Also weg mit dem Tischtuch! Helfen Sie mir doch, Anna. Und wie gesagt: Es wird nicht serviert. Unter keinen 15 Umständen! Sie kommen herein, ohne zu klopfen, einfach herein und stellen die Pfanne einfach auf den Tisch —

ANNA

Die Pfanne?

Er nimmt das Tischtuch weg.

BIEDERMANN

Sofort eine ganz andere Stimmung. Sehn Sie! Ein hölzerner Tisch, nichts weiter, wie beim Abendmahl*.

Er gibt ihr das Tischtuch.

ANNA

Herr Biedermann meinen, ich soll die Gans einfach in der Pfanne bringen?

Sie faltet das Tischtuch zusammen.

Was für einen Wein, Herr Biedermann, soll ich denn ₅ holen?

BIEDERMANN

Ich hole ihn selbst.

ANNA

Herr Biedermann!

BIEDERMANN

Was denn noch?

ANNA

Ich hab aber keinen solchen Pullover, wie Sie sagen, ₁₀ Herr Biedermann, so einen schlichten, daß man meint, ich gehöre zur Familie.

BIEDERMANN

Nehmen Sie's bei meiner Frau!

ANNA

Den gelben oder den roten?

BIEDERMANN

Nur keine Umstände! Ich will kein Häubchen sehen und ₁₅ kein Schürzchen*. Verstanden? Und wie gesagt: Weg mit diesen Kandelabern! Und überhaupt: Sehen Sie zu*,

---

wie beim Abendmahl   just like at the Lord's Supper
Ich will kein Häubchen sehen und kein Schürzchen   I don't want to
   see a little cap and apron (parts of a maid's uniform)
Sehen Sie zu   See to it

101

Anna, daß hier nicht alles so ordentlich ist! . . . Ich bin im Keller.

Biedermann geht hinaus.

»Sehen Sie zu, daß hier nicht alles so ordentlich ist!«

Sie schleudert das Tischtuch, nachdem es zusammengefaltet ist, in irgendeine Ecke und tritt mit beiden Füßen drauf.

ANNA
Bitte sehr.

Eintreten Schmitz und Eisenring, jeder mit einer Rose in der Hand.

BEIDE
Guten Abend, Fräulein!   5

Anna geht hinaus, ohne die beiden anzublicken.

EISENRING
Wieso keine Holzwolle?

SCHMITZ
Beschlagnahmt. Polizeilich. Vorsichtsmaßnahme. Wer Holzwolle verkauft oder besitzt, ohne eine polizeiliche Genehmigung zu haben, wird verhaftet. Vorsichtsmaßnahme im ganzen Land . . .   10

Er kämmt sich die Haare.

EISENRING
Hast du noch Streichhölzchen?

SCHMITZ
Ich nicht.

EISENRING
Ich auch nicht.

Schmitz bläst seinen Kamm aus.

SCHMITZ
      Müssen ihn darum bitten.

EISENRING
      Biedermann?

SCHMITZ
      Aber nicht vergessen.

Er steckt den Kamm ein und schnuppert:

      Mh, wie das schon duftet! . . .

Biedermann tritt an die Rampe, Flaschen im Arm.

BIEDERMANN

Sie können über mich denken, meine Herren, wie Sie
wollen. Aber antworten Sie mir auf eine Frage: —

Man hört Grölen und Lachen.

Ich sag mir: Solange sie grölen und saufen, tun sie nichts
anderes . . . Die besten Flaschen aus meinem Keller, hätte
es mir einer vor einer Woche gesagt — Hand aufs Herz: 5
Seit wann (genau) wissen Sie, meine Herren, daß es
Brandstifter sind? Es kommt eben nicht so, meine Her-
ren, wie Sie meinen — sondern langsam und plötzlich . . .
Verdacht! Das hatte ich sofort, meine Herren, Verdacht
hat man immer — aber Hand aufs Herz, meine Herrn: 10
Was hätten Sie denn getan, Herrgott nochmal, an meiner
Stelle? Und wann?

Er horcht, und es ist still.

Ich muß hinauf!

Er entfernt sich geschwind.

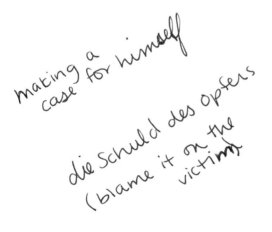

104

SCENE 6

Das Gansessen ist im vollen Gang*, Gelächter, vor allem*
Biedermann (noch mit den Flaschen im Arm) kann sich von
dem Witz, der gefallen ist, nicht mehr erholen; nur Babette
lacht durchaus nicht.

BIEDERMANN
    Putzfäden! Hast du das wieder gehört? Putzfäden, sagt
er, Putzfäden brennen noch besser!

BABETTE
    Wieso ist das ein Witz?

BIEDERMANN
    Putzfäden! — weißt du, was Putzfäden sind?

BABETTE
    Ja.   5

Das Gansessen ist im vollen Gang   The goose dinner is in full progress
vor allem   especially

105

BIEDERMANN
Du hast keinen Humor, Babettchen.

Er stellt die Flasche auf den Tisch.

Was soll man machen, meine Freunde, wenn jemand einfach keinen Humor hat?

BABETTE
So erkläre es mir doch.

BIEDERMANN
Also! — heute morgen sagt der Willi, er hätte den Sepp 5
geschickt, um Holzwolle zu stehlen. Holzwolle, das verstehst du? Und jetzt frage ich den Sepp: Was macht
denn die Holzwolle*? worauf er sagt: Holzwolle habe er
nicht auftreiben können, aber Putzfäden. Verstehst du?
Und Willi sagt: Putzfäden brennen noch viel besser! 10

BABETTE
Das habe ich verstanden.

BIEDERMANN
Ja? Hast du verstanden?

BABETTE
Und was ist der Witz dran?

Biedermann gibt es auf.

BIEDERMANN
Trinken wir, meine Herren!

Biedermann entkorkt die Flasche.

BABETTE
Ist das denn wahr, Herr Schmitz, Sie haben Putzfäden 15
auf unseren Dachboden gebracht? ·

Was macht denn die Holzwolle? . What about the excelsior?

BIEDERMANN

Du wirst lachen, Babette, heute vormittag haben wir zusammen sogar die Zündschnur gemessen, der Willi und ich.

BABETTE

Zündschnur?

BIEDERMANN

Knallzündschnur! 5

Er füllt die Gläser.

BABETTE

Jetzt aber im Ernst, meine Herren, was soll das alles?

Biedermann lacht.

BIEDERMANN

Im Ernst! sagt sie. Im Ernst! Hören Sie das? Im Ernst! . . . Laß dich nicht foppen, Babette, ich hab's dir gesagt, unsere Freunde haben eine Art zu scherzen — andere Kreise, andere Witze! sag ich immer . . . Es fehlt jetzt 10 nur noch, daß sie mich um Streichhölzchen bitten!

Schmitz und Eisenring geben einander einen Blick.

Nämlich die beiden Herren halten mich immer noch für einen ängstlichen Spießer, der keinen Humor hat, weißt du, den man ins Bockshorn jagen kann —

Er hebt sein Glas:

Prost! 15

EISENRING

Prost!

SCHMITZ

Prost!

Sie stoßen an.

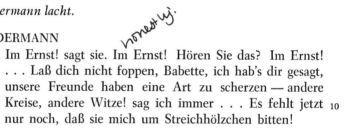

107

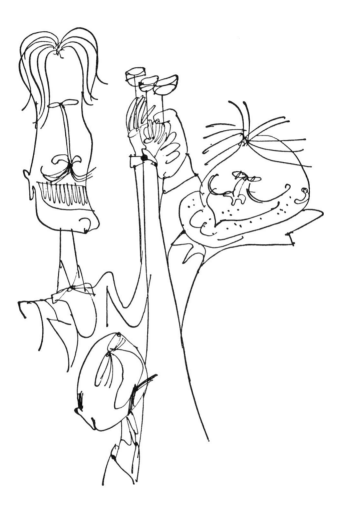

BIEDERMANN
    Auf unsere Freundschaft.

Sie trinken und setzen sich wieder.

    In unserem Haus wird nicht serviert, meine Herren, Sie
    greifen einfach zu*.

SCHMITZ
    Aber ich kann nicht mehr.

EISENRING
    Zier dich nicht. Du bist nicht im Waisenhaus, Sepp, zier 5
    dich nicht.

Er bedient sich mit Gans:

    Ihre Gans, Madame, ist Klasse*.

BABETTE
    Das freut mich.

EISENRING
    Gans und Pommard! — dazu gehörte eigentlich bloß noch
    ein Tischtuch.   10

BABETTE
    Hörst du's, Gottlieb?

EISENRING
    Es muß aber nicht sein! — so ein weißes Tischtuch,
    wissen Sie, Damast mit Silber drauf.

BIEDERMANN
    Anna!

EISENRING
    Damast mit Blumen drin, aber weiß, wissen Sie, wie 15
    Eisblumen! — es muß aber nicht sein, Herr Biedermann,

---

*In unserem Haus wird nicht serviert, meine Herren, Sie greifen einfach
zu.* In our house the maid doesn't do the serving, gentlemen, just
help yourself.
ist Klasse is first-rate

es muß aber nicht sein. Im Gefängnis haben wir auch kein Tischtuch gehabt.

BIEDERMANN
Anna!

BABETTE
Im Gefängnis — ?

BIEDERMANN
Wo ist sie denn? 5

BABETTE
Sie sind im Gefängnis gewesen?

Anna kommt; sie trägt einen knallroten* Pullover.

BIEDERMANN
Anna, bringen Sie sofort ein Tischtuch!

ANNA
Sehr wohl. —

EISENRING
Und wenn Sie so etwas wie Fingerschalen haben —

ANNA
Sehr wohl. — 10

EISENRING
Sie finden es vielleicht kindisch, Madame, aber so sind halt die Leute aus dem Volk*. Sepp zum Beispiel, der bei den Köhlern aufgewachsen ist und noch nie ein Messerbänklein gesehen hat, sehen Sie, es ist nun einmal der Traum seines verpfuschten Lebens: — so eine Tafel mit 15 Silber und Kristall!

BABETTE
Gottlieb, das haben wir doch alles.

---

knallroten   glaring red (*knallen*   to explode, burst)
aber so sind halt die Leute aus dem Volk   but that's just the way common people ("people from the folk") are

110

EISENRING

Aber es muß nicht sein.

ANNA

Bitte sehr.

EISENRING

Und wenn Sie schon Servietten haben, Fräulein: Her damit!

ANNA

Herr Biedermann hat gesagt —   5

BIEDERMANN

Her damit!

ANNA

Bitte sehr.

Anna bringt alles wieder herbei.

EISENRING

Sie nehmen es hoffentlich nicht krumm, Madame. Wenn man aus dem Gefängnis kommt, wissen Sie, Monate lang ohne Kultur —   10

Er nimmt das Tischtuch und zeigt es Schmitz:

Weißt du, was das ist?

Hinüber zu Babette:

Hat er noch nie gesehen!

Wieder zurück zu Schmitz:

Das ist Damast.

SCHMITZ

Und jetzt? Was soll ich damit?

Eisenring bindet ihm das Tischtuch um den Hals.

EISENRING

So. —   15

Biedermann versucht es lustig zu finden und lacht.

111

BABETTE
Und wo sind denn unsere Messerbänklein, Anna, unsere Messerbänklein?

ANNA
Herr Biedermann —

BIEDERMANN
Her damit!

ANNA
Sie haben gesagt: Weg damit.   5

BIEDERMANN
Her damit! sag ich. Wo sind sie denn, Herrgott nochmal?

ANNA
In Ihrer linken Hosentasche.

Biedermann greift in die Hosentasche und findet sie.

EISENRING
Nur keine Aufregung.

ANNA
Ich kann doch nichts dafür*!

EISENRING
Nur keine Aufregung, Fräulein —   10

Anna bricht in Heulen aus, dreht sich und läuft weg.

EISENRING
Das ist der Föhn.

Pause.

BIEDERMANN
Trinken Sie, meine Freunde, trinken Sie!

Sie trinken und schweigen.

EISENRING
Gans habe ich jeden Tag gegessen, wissen Sie, als Kellner. Wenn man so durch die langen Korridore flitzt, die

---

Ich kann doch nichts dafür   I can't help it

Platte auf der flachen Hand. Aber dann, Madame, wo putzt unsereiner die Finger ab? Das ist es. Wo anders als an den eignen Haaren? — während andere Menschen eine kristallene Wasserschale dafür haben! Das ist's, was ich nie vergessen werde.   5

Er taucht seine Finger in die Fingerschale:

Wissen Sie, was ein Trauma ist?

BIEDERMANN
    Nein.

EISENRING
    Haben sie mir im Gefängnis alles erklärt . . .

Er trocknet seine Finger ab.

BABETTE
    Und wieso, Herr Eisenring, sind Sie denn ins Gefängnis
    gekommen?   10

BIEDERMANN
    Babette!

EISENRING
    Wieso ich ins Gefängnis gekommen bin?

BIEDERMANN
    Das fragt man doch nicht!

EISENRING
    Ich frage mich selbst . . . Ich war ein Kellner, wie gesagt,
    ein kleiner Oberkellner, und plötzlich verwechselten sie 15
    mich mit einem großen Brandstifter.

BIEDERMANN
    Hm.

EISENRING
    Verhafteten mich in meiner Wohnung.

BIEDERMANN
    Hm.

113

EISENRING

Ich war so erstaunt, daß ich drauf einging*.

BIEDERMANN

Hm.

EISENRING

Ich hatte Glück, Madame, ich hatte sieben ausgesprochen reizende Polizisten. Als ich sagte, ich müsse an meine Arbeit und hätte keine Zeit, sagten sie: Ihr Etablissement ⁵ ist niedergebrannt.

BIEDERMANN

Niedergebrannt?

EISENRING

So über Nacht, scheint es, ja.

BABETTE

Niedergebrannt?

EISENRING

Schön! sagte ich: Dann hab ich Zeit. Es war nur noch ¹⁰ ein rauchendes Gebälk, unser Etablissement, ich sah es im Vorbeifahren, wissen Sie, durch dieses kleine Gitterfenster aus dem Gefängniswagen.

Er trinkt kennerhaft.

BIEDERMANN

Und dann?

Eisenring betrachtet die Etikette.

EISENRING

Den hatten wir auch: Neunundvierziger*! Cave de ¹⁵ l'Echannon* . . . Und dann? Das muß Ihnen der Sepp erzählen. Als ich so im Vorzimmer sitze und mit den

---

daß ich drauf einging   that I fell for it, put up with it
Neunundvierziger!   1949 vintage! (1949 was a good year for wine.)
Cave de l'Echannon   Name of a French wine

Handschellen spiele, sage und schreibe, wer wird da hereingeführt? — der da!

Schmitz strahlt.

Prost, Sepp!

SCHMITZ

Prost, Willi!

Sie trinken.

BIEDERMANN

Und dann?

5

SCHMITZ

Sind Sie der Brandstifter? fragt man ihn und bietet Zigaretten an. Entschuldigen Sie! sagt er: Streichhölzchen habe ich leider nicht, Herr Kommissar, obschon Sie mich für einen Brandstifter halten —

Sie lachen dröhnend und hauen sich auf die Schenkel.

BIEDERMANN

Hm. —

10

Anna ist eingetreten, sie trägt wieder Häubchen und Schürzchen, sie überreicht eine Visitenkarte, die Biedermann sich ansieht.

ANNA

Es ist dringend, sagt er.

BIEDERMANN

Wenn ich aber Gäste habe —

Schmitz und Eisenring stoßen wieder an.

SCHMITZ

Prost, Willi!

EISENRING

Prost, Sepp!

Sie trinken, Biedermann betrachtet die Visitenkarte.

BABETTE
Wer ist es denn, Gottlieb?

BIEDERMANN
Dieser Dr. phil. . . .

Anna betätigt sich beim Schrank.

EISENRING
Und was ist denn das andere dort, Fräulein, das Silberne
dort?

ANNA
Die Kandelaber? 5

EISENRING
Warum verstecken Sie das?

BIEDERMANN
Her damit!

ANNA
Herr Biedermann haben selbst gesagt —

BIEDERMANN
Her damit! sag ich.

Anna stellt die Kandelaber auf den Tisch.

EISENRING
Sepp, was sagst du dazu? Haben sie Kandelaber und 10
verstecken sie! Was willst du noch? Silber mit Kerzen
drauf . . . Hast du Streichhölzer?

Er greift in seine Hosentasche.

SCHMITZ
Ich? Nein.

Er greift in seine Hosentasche.

EISENRING
Leider haben wir gar keine Streichhölzer, Herr Biedermann, tatsächlich. 15

BIEDERMANN
   Ich habe.

EISENRING
   Geben Sie her!

BIEDERMANN
   Ich mach es schon. Lassen Sie nur! Ich mach es schon.

Er zündet die Kerzen an.

BABETTE
   Was will denn der Herr?

ANNA
   Ich versteh ihn nicht, Madame, er kann nicht länger 5
   schweigen, sagt er und wartet im Treppenhaus.

BABETTE
   Unter vier Augen? sagt er.

ANNA
   Ja, und dann will er immer etwas enthüllen.

BABETTE
   Was?

ANNA
   Das versteh ich nicht, Madame, und wenn er's mir hun- 10
   dertmal sagt; er sagt: er möchte sich distanzieren . . .

Es leuchten viele Kerzen.

EISENRING
   Macht doch sofort einen ganz anderen Eindruck, finden
   Sie nicht, Madame? Candlelight.

BABETTE
   Ach ja.

EISENRING
   Ich bin für Stimmung*.
                                                    15

___
Ich bin für Stimmung   "I am for atmosphere" = I like atmosphere

BIEDERMANN
Sehen Sie, Herr Eisenring, das freut mich . . .

Es sind alle Kerzen angezündet.

EISENRING
Schmitz, schmatze nicht!

Babette nimmt Eisenring zur Seite.

BABETTE
Lassen Sie ihn doch!

EISENRING
Er hat kein Benehmen, Madame, ich bitte um Entschuldigung; es ist mir furchtbar. Woher soll er's haben! Von   5
der Köhlerhütte zum Waisenhaus —

BABETTE
Ich weiß!

EISENRING
Vom Waisenhaus zum Zirkus —

BABETTE
Ich weiß!

EISENRING
Vom Zirkus zum Theater.   10

BABETTE
Das habe ich nicht gewußt, nein —

EISENRING
Schicksale, Madame, Schicksale!

Babette wendet sich an Schmitz.

BABETTE
Beim Theater sind Sie auch gewesen?

Schmitz nagt ein Gansbein und nickt.

Wo denn?

SCHMITZ

    Hinten.

EISENRING

    Dabei ist er begabt — Sepp als Geist, haben Sie das schon erlebt?

SCHMITZ

    Aber nicht jetzt!

EISENRING

    Wieso nicht?   5

SCHMITZ

    Ich war nur eine Woche beim Theater, Madame, dann ist es niedergebrannt —

BABETTE

    Niedergebrannt?

EISENRING

    Zier dich nicht!

BIEDERMANN

    Niedergebrannt?   10

EISENRING

    Zier dich nicht!

Er löst das Tischtuch, das Schmitz als Serviette getragen hat, und wirft es dem Schmitz über den Kopf:

    Los*!

Schmitz, verhüllt mit dem weißen Tischtuch, erhebt sich.

    Bitte. Sieht er nicht aus wie ein Geist?

ANNA

    Ich hab aber Angst.

Los! Go on!

EISENRING
Mädelchen!

Er nimmt Anna in seinen Arm, sie hält die Hände vors Gesicht.

SCHMITZ
»Können wir?«

EISENRING
Das ist Theatersprache, Madame, das hat er auf den
Proben gelernt in einer einzigen Woche, bevor es nieder-
gebrannt ist, erstaunlicherweise.   5

BABETTE
Reden Sie doch nicht immer von Bränden!

SCHMITZ
»Können wir?«

EISENRING
Bereit. —

Alle sitzen, Eisenring hält Anna an seiner Brust.

SCHMITZ
JEDERMANN! JEDERMANN!

BABETTE
Gottlieb — ?   10

BIEDERMANN
Still!

BABETTE
Das haben wir in Salzburg* gesehen.

SCHMITZ
BIEDERMANN! BIEDERMANN!

EISENRING
Ich find's großartig, wie er das macht.

Salzburg Austrian city. Productions of Hugo von Hofmannsthal's
play *Jedermann,* staged here, are famous.

120

SCHMITZ
  BIEDERMANN! BIEDERMANN!

EISENRING
  Sie müssen fragen, wer bist du?

BIEDERMANN
  Ich?

EISENRING
  Sonst wird er seinen Text nicht los*.

SCHMITZ
  JEDERMANN! BIEDERMANN!   5

BIEDERMANN
  Also: — wer bin ich?

BABETTE
  Nein! Du mußt doch fragen, wer er ist.

BIEDERMANN
  Ah so.

SCHMITZ
  HÖRT IHR MICH NICHT?

EISENRING
  Nein, Sepp, nochmals von Anfang an!   10

Sie nehmen eine andere Stellung ein.

SCHMITZ
  JEDERMANN! BIEDERMANN!

BABETTE
  Bist du — zum Beispiel — der Tod?

BIEDERMANN
  Quatsch!

BABETTE
  Was kann er denn sonst sein?

Sonst wird er seinen Text nicht los.   Otherwise he won't get rid of his
  lines.

BIEDERMANN

Du mußt fragen: Wer bist du? Er kann auch der Geist von Hamlet sein. Oder der Steinerne Gast*, weißt du. Oder dieser Dingsda*, wie heißt er schon: der Mitarbeiter vom Macbeth . . .

SCHMITZ

WER RUFT MICH? 5

EISENRING

Weiter.

SCHMITZ

BIEDERMANN GOTTLIEB!

BABETTE

Frag du ihn doch, er spricht zu dir.

SCHMITZ

HÖRT IHR MICH NICHT?

BIEDERMANN

Wer bist du denn? 10

SCHMITZ

ICH BIN DER GEIST — VON KNECHTLING.

Babette springt auf und schreit.

EISENRING

Stop.

Er reißt dem Schmitz das weiße Tischtuch herunter:

Ein Idiot bist du! Das kannst du doch nicht machen. Knechtling! Das geht doch nicht. Knechtling ist heute begraben worden. 15

SCHMITZ

Eben.

Babette hält ihre Hände vors Gesicht.

---

der Steinerne Gast figure from the Don Juan legend
dieser Dingsda colloquial term for someone whose name one doesn't
  know; cf. what's-his-name, whooziz.

EISENRING
Madame, er ist es nicht!

Er schüttelt den Kopf über Schmitz:

Wie kannst du so geschmacklos sein?

SCHMITZ
Es fiel mir nichts anderes ein . . .

EISENRING
Knechtling! Ausgerechnet. Ein alter und treuer Mitarbeiter von Herrn Biedermann, stell dir das vor: Heute be- 5
graben — der ist ja noch ganz beisammen*, bleich wie
ein Tischtuch, weißlich und glänzend wie Damast, steif
und kalt, aber zum Hinstellen . . .

Er faßt Babette an der Schulter:

Ehrenwort, Madame, er ist es nicht.

Schmitz wischt sich den Schweiß.

SCHMITZ
Entschuldigung.   10

BIEDERMANN
Setzen wir uns.

ANNA
Ist das jetzt alles?

Man setzt sich, Pause der Verlegenheit.

BIEDERMANN
Wie wär's mit einer kleinen Zigarre, meine Herren?

Er bietet eine Schachtel mit Zigarren an.

EISENRING
Idiot! da siehst du's, wie Herr Biedermann zittert . . .
Danke, Herr Biedermann, danke! . . . Wenn du meinst, 15

---

der ist ja noch ganz beisammen he (Knechtling) is still quite in one
piece

123

das sei lustig. Wo du genau weißt: Knechtling hat sich
unter den Gasherd gelegt, nachdem unser Gottlieb getan
hat, was er konnte, für diesen Knechtling. Vierzehn
Jahre lang hat er ihm Arbeit gegeben, diesem Knechtling,
das ist der Dank — 5

BIEDERMANN
Reden wir nicht mehr davon.

EISENRING
Das ist dein Dank für die Gans!

Sie rüsten ihre Zigarren.

SCHMITZ
Soll ich etwas singen?

EISENRING
Was?

SCHMITZ
»Fuchs, du hast die Gans gestohlen —« 10

Er singt mit voller Stimme:

»Fuchs, du hast die Gans gestohlen, gib sie wieder
her* — «

EISENRING
Laß das.

SCHMITZ
»Gib sie wieder her,
Sonst wird dich der Jäger holen — « 15

EISENRING
Er ist betrunken.

SCHMITZ
»Mit dem Scheißgewehr*.«

Fuchs, du hast . . . popular children's song
Scheißgewehr a mildly obscene play on the word *Schießgewehr* **gun**

EISENRING
  Hören Sie nicht zu, Madame.

SCHMITZ
  »Gib sie wieder her,
  Sonst wird dich der Jäger holen
  Mit dem Scheißgewehr!«

BIEDERMANN
  Scheißgewehr ist gut.   5

ALLE MÄNNER
  »Fuchs, du hast die Gans gestohlen — «

*Sie singen mehrstimmig, einmal sehr laut, einmal sehr leise,
Wechselgesang* jeder Art, Gelächter und grölende Verbrüderung, einmal eine Pause, aber dann ist es Biedermann, der
wieder anhebt und in der Spaßigkeit vorangeht, bis sich das
Ganze erschöpft.*

BIEDERMANN
  Also: — Prost!

Sie heben die Gläser, und man hört Sirenen in der Ferne.

  Was war das?

EISENRING
  Sirenen.

BIEDERMANN
  Spaß beiseite! —   10

BABETTE
  Brandstifter, Brandstifter!

BIEDERMANN
  Schrei nicht.

*Babette reißt das Fenster auf, und die Sirenen kommen näher,
heulen, daß es durch Mark und Bein* geht, und sausen vorbei.*

Wechselgesang   alternate singing by a choir divided into two parts
durch Mark und Bein   "through marrow and bone" = to the **very**
  marrow

BIEDERMANN

Wenigstens nicht bei uns.

BABETTE

Wo kann das nur sein?

EISENRING

Wo der Föhn herkommt.

BIEDERMANN

Wenigstens nicht bei uns . . .

EISENRING

Das machen wir meistens so. Wir holen die Feuerwehr in 5
ein billiges Außenviertel, und später, wenn's wirklich
losgeht, ist ihnen der Rückweg versperrt.

BIEDERMANN

Nein, meine Herren, Spaß beiseite —

SCHMITZ

So machen wir's aber, Spaß beiseite.

BIEDERMANN

Schluß mit diesem Unsinn! ich bitte Sie. Alles mit Maß, 10
Sie sehen, meine Frau ist kreidebleich.

BABETTE

Und du?!

BIEDERMANN

Und überhaupt: Sirenen sind Sirenen, darüber kann ich
nicht lachen, meine Herrn, irgendwo hört's auf, irgendwo
brennt's, sonst würde unsere Feuerwehr nicht ausfahren. 15

Eisenring blickt auf seine Uhr.

EISENRING

Wir müssen gehen.

BIEDERMANN

Jetzt?

EISENRING

Leider.

126

SCHMITZ

»Sonst wird dich der Jäger holen . . .«

Man hört nochmals die Sirenen.

BIEDERMANN

Mach einen Kaffee, Babette!

Babette geht hinaus.

Und Sie, Anna, was stehen Sie da und glotzen?

Anna geht hinaus.

Unter uns, meine Herren: Genug ist genug. Meine Frau
ist herzkrank. Scherzen wir nicht länger über Brand-   5
stifterei.

SCHMITZ

Wir scherzen ja nicht, Herr Biedermann.

EISENRING

Wir sind Brandstifter.

BIEDERMANN

Meine Herren, jetzt ganz im Ernst —

SCHMITZ

Ganz im Ernst.   10

EISENRING

Ganz im Ernst.

SCHMITZ

Warum glauben Sie uns nicht?

EISENRING

Ihr Haus, Herr Biedermann, liegt sehr günstig, das müssen Sie einsehen: fünf solche Brandherde rings um die
Gasometer, die leider bewacht sind, und dazu ein rich- 15
tiger Föhn —

BIEDERMANN

Das ist nicht wahr.

SCHMITZ

Herr Biedermann! Wenn Sie uns schon für Brandstifter halten, warum nicht offen darüber reden?

Biedermann blickt wie ein geschlagener Hund.

BIEDERMANN

Ich halte Sie ja nicht für Brandstifter, meine Herren, das ist nicht wahr, Sie tun mir Unrecht, ich halte Sie nicht für — Brandstifter . . . 5

EISENRING

Hand aufs Herz!

BIEDERMANN

Nein! Nein, nein! Nein!

SCHMITZ

Aber wofür halten Sie uns denn?

BIEDERMANN

Für meine — Freunde . . .

Sie klopfen ihm auf die Schulter und lassen ihn stehen.

Wohin gehen Sie jetzt? 10

EISENRING

's ist Zeit.

BIEDERMANN

Ich schwör es Ihnen, meine Herrn, bei Gott!

EISENRING

Bei Gott?

BIEDERMANN

Ja!

Er hält die Schwurfinger langsam hoch.

SCHMITZ

Er glaubt nicht an Gott, der Willi, so wenig wie Sie, Herr 15 Biedermann — da können Sie lange schwören.

Sie gehen weiter zur Türe.

128

BIEDERMANN
Was soll ich tun, daß Sie mir glauben?

Er vertritt ihnen den Ausgang.

EISENRING
Geben Sie uns Streichhölzchen.

BIEDERMANN
Was — soll ich?

EISENRING
Wir haben keine mehr.

BIEDERMANN
Ich soll —   5

EISENRING
Ja. Wenn Sie uns nicht für Brandstifter halten.

BIEDERMANN
Streichhölzchen?

SCHMITZ
Als Zeichen des Vertrauens, meint er.

Biedermann greift in seine Tasche.

EISENRING
Er zögert. Siehst du? Er zögert.

BIEDERMANN
Still! — aber nicht vor meiner Frau . . .   10

Babette kommt zurück.

BABETTE
Der Kaffee kommt sogleich.

Pause.

Sie müssen gehen?

BIEDERMANN

Ja, meine Freunde — so schade es ist*, aber — Hauptsache, daß Sie gespürt haben — Ich will nicht viel Worte machen, meine Freunde, aber warum sagen wir einander eigentlich nicht du?

BABETTE

Hm.   5

BIEDERMANN

Ich bin dafür, daß wir Brüderschaft trinken*!

Er nimmt eine Flasche und den Korkenzieher.

EISENRING

Sagen Sie doch Ihrem lieben Mann, er soll deswegen keine Flasche mehr aufmachen, es lohnt sich nicht mehr.

Biedermann entkorkt.

BIEDERMANN

Es ist mir nichts zu viel, meine Freunde, nichts zu viel, und wenn Sie irgendeinen Wunsch haben — irgendeinen 10 Wunsch . . .

Er füllt hastig die Gläser und gibt die Gläser.

Meine Freunde, stoßen wir an!

Sie stoßen an.

Gottlieb. —

Er küßt Schmitz auf die Wange.

SCHMITZ

Sepp. —

---

so schade es ist   although it is a pity
Ich bin dafür, daß wir Brüderschaft trinken   I am in favor of drinking
   to everlasting friendship (a ceremonial toast in which one pledges
   intimate friendship to one's new "brother" and henceforth calls him
   "du" rather than "Sie.")

BIEDERMANN
  Gottlieb.

Er küßt Eisenring auf die Wange.

EISENRING
  Willi. —

Sie stehen und trinken.

  Trotzdem, Gottlieb, müssen wir jetzt gehen.

SCHMITZ
  Leider.

EISENRING
  Madame —   5

Man hört Sirenen.

BABETTE
  Es war ein reizender Abend.

Man hört Sturmglocken.

EISENRING
  Nur noch eins, Gottlieb: —

BIEDERMANN
  Was denn?

EISENRING
  Du weißt es.

BIEDERMANN
  Wenn Ihr irgendeinen Wunsch habt —   10

EISENRING
  Die Streichhölzchen.

Anna ist eingetreten mit dem Kaffee.

BABETTE
  Anna, was ist los?

ANNA

Der Kaffee.

BABETTE

Sie sind ja ganz verstört?

ANNA

Dahinten — der Himmel, Frau Biedermann, von der Küche aus — der Himmel brennt . . .

Es ist schon sehr rot, als Schmitz und Eisenring sich verneigen und gehen. Biedermann steht bleich und starr.

BIEDERMANN

Zum Glück ist's nicht bei uns . . . Zum Glück ist's nicht 5 bei uns . . . Zum Glück —

Eintritt der Akademiker.

BIEDERMANN

Was wollen Sie?

warns Biedermann

DR. PHIL.

Ich kann nicht länger schweigen.

Er nimmt ein Schriftstück aus der Brusttasche und verliest:

»Der Unterzeichnete, selber zutiefst erschüttert von den Ereignissen, die zur Zeit im Gang sind und die auch von 10 unsrem Standpunkt aus, wie mir scheint, nur als verbrecherisch bezeichnet werden können, gibt die folgende Erklärung zuhanden der Öffentlichkeit: — «

Viele Sirenen heulen, er verliest einen ausführlichen Text, wovon man aber kein Wort versteht, man hört Hundegebell, Sturmglocken, Schreie, Sirenen in der Ferne, das Prasseln von Feuer in der Nähe; dann tritt er zu Biedermann und überreicht ihm das Schriftstück.

Ich distanziere mich —

BIEDERMANN

Und? 15

132

DR. PHIL.
Ich habe gesagt, was ich zu sagen habe.

Er nimmt seine Brille ab und klappt sie zusammen:

Sehen Sie, Herr Biedermann, ich war ein Weltverbesserer, ein ernster und ehrlicher, ich habe alles gewußt, was sie auf dem Dachboden machten, alles, nur das eine nicht: Die machen es aus purer Lust!   5

BIEDERMANN
Herr Doktor —

Der Akademiker entfernt sich.

Sie, Herr Doktor, was soll ich damit?

Der Akademiker steigt über die Rampe und setzt sich ins Parkett.

BABETTE
Gottlieb —

BIEDERMANN
Weg ist er.

BABETTE
Was hast du denen gegeben? Ich hab's gesehen — 10 Streichhölzer?

BIEDERMANN
Warum nicht.

BABETTE
Streichhölzer?

BIEDERMANN
Wenn die wirkliche Brandstifter wären, du meinst, die hätten keine Streichhölzer? . . . Babettchen, Babettchen! 15

Die Standuhr schlägt, Stille, das Licht wird rot, und man hört, während es dunkel wird auf der Bühne: Sturmglocken, Gebell von Hunden, Sirenen, Krach von stürzendem Gebälk, Hupen, Prasseln von Feuer, Schreie, bis der Chor vor die Scene tritt.

CHOR
Sinnlos ist viel, und nichts
Sinnloser als diese Geschichte:
Die nämlich, einmal entfacht,
Tötete viele, ach, aber nicht alle
Und änderte gar nichts.   5

Erste Detonation.

CHORFÜHRER
Das war ein Gasometer.

Zweite Detonation.

CHOR
Was nämlich jeder voraussieht
Lange genug,
Dennoch geschieht es am End:
Blödsinn,
Der nimmerzulöschende jetzt,   10
Schicksal genannt.

Dritte Detonation.

CHORFÜHRER
Noch ein Gasometer.

Es folgt eine Serie von Detonationen fürchterlicher Art.

CHOR
Weh uns! Weh uns! Weh uns!

Licht im Zuschauerraum.

NACHSPIEL

Personen des Nachspiels:

HERR BIEDERMANN

BABETTE

ANNA

BEELZEBUB

EINE FIGUR

EIN POLIZIST

MEERKATZE

WITWE KNECHTLING

DER CHOR

Die Bühne ist geräumt und vollkommen leer, Babette und Biedermann stehen, wie sie zuletzt im Stück gestanden haben.

BABETTE
Gottlieb?

BIEDERMANN
Still.

BABETTE
Sind wir tot?

Ein Papagei kreischt.

Was war das?

Der Papagei kreischt.

BIEDERMANN
Warum bist du nicht gekommen, bevor die Treppe 5 brannte! Ich hab's dir gesagt. Warum bist du noch einmal ins Schlafzimmer gegangen?

BABETTE
Wegen meines ganzen Schmuckes.

137

BIEDERMANN
— natürlich sind wir tot!

Der Papagei kreischt.

BABETTE
Gottlieb?

BIEDERMANN
Still jetzt.

BABETTE
Wo sind wir denn jetzt?

BIEDERMANN
Im Himmel. Wo sonst.   5

Ein Säugling schreit.

BABETTE
Was war das?

Der Säugling schreit.

Offen gestanden, Gottlieb, so hab ich mir den Himmel
nicht vorgestellt —

BIEDERMANN
Nur jetzt nicht den Glauben verlieren!

BABETTE
Hast du dir den Himmel so vorgestellt?   10

Der Papagei kreischt.

BIEDERMANN
Das ist ein Papagei.

Der Papagei kreischt.

BABETTE
Gottlieb?

BIEDERMANN
Nur jetzt nicht den Glauben verlieren!

138

BABETTE
Jetzt warten wir schon eine halbe Ewigkeit.

Der Säugling schreit.

Und jetzt wieder dieser Säugling!

Der Papagei kreischt.

Gottlieb?

BIEDERMANN
Was denn?

BABETTE
Wieso kommt ein Papagei in den Himmel? 5

Eine Hausklingel klingelt.

BIEDERMANN
Mach mich jetzt nicht nervös, Babette, ich bitte dich.
Wieso soll ein Papagei nicht in den Himmel kommen?
wenn er schuldlos ist.

Die Hausklingel klingelt.

Was war das?

BABETTE
Unsere Hausklingel. 10

BIEDERMANN
Wer kann das nur sein?

Man hört alles zusammen: Säugling, Hausklingel, Papagei.

BABETTE
Wenn bloß dieser Papagei nicht wär*! und dieser Säug-
ling dazu! Das halt ich nicht aus, Gottlieb, ein solches
Gekreisch in Ewigkeit — wie in einer Siedlung.

BIEDERMANN
Still! 15

Wenn bloß dieser Papagei nicht wär! If only this parrot were not
(here)!

139

BABETTE

Das können sie uns nicht zumuten!

BIEDERMANN

Beruhige dich.

BABETTE

Das ist unsereins nicht gewohnt.

BIEDERMANN

Wieso sollten wir nicht im Himmel sein? All unsere Be-
kannten sind im Himmel, sogar mein Rechtsanwalt. Zum 5
letzten Mal: Das kann nur der Himmel sein. Was sonst!
Das muß der Himmel sein. Was hat unsereiner denn
getan?

Die Hausklingel klingelt.

BABETTE

Sollten wir nicht aufmachen?

Die Hausklingel klingelt.

Wieso haben die unsere Klingel? 10

Die Hausklingel klingelt.

Vielleicht ein Engel . . .

Die Hausklingel klingelt.

BIEDERMANN

Ich bin schuldlos! — ich habe Vater und Mutter geehrt,
das weißt du, vor allem Mama, das hat dich oft genug
verärgert. Ich habe mich an die Zehn Gebote gehalten,
Babette, zeit meines Lebens*. Ich habe mir nie ein Bild 15
von Gott gemacht, das schon gar nicht*. Ich habe nicht
gestohlen; wir hatten immer, was wir brauchten. Und
ich habe nicht getötet. Ich habe am Sonntag nie gearbeitet. Ich habe nie das Haus meiner Nachbarn begehrt,

---

zeit meines Lebens   all my life
das schon gar nicht   that least of all

oder wenn ich es begehrte, dann habe ich's gekauft.
Kaufen wird man wohl dürfen*! Und ich habe nie
bemerkt, daß ich lüge. Ich habe keinen Ehebruch begangen, Babette, also wirklich nicht — verglichen mit
andern! . . . Du bist mein Zeuge, Babette, wenn ein 5
Engel kommt: Ich hatte einen einzigen Fehler auf Erden,
ich war zu gutherzig, mag sein, einfach zu gutherzig.

Der Papagei kreischt.

BABETTE
Verstehst du, was er ruft?

Der Papagei kreischt.

BIEDERMANN
Hast du getötet? Ich frag ja bloß*. Hast du es mit andern
Göttern gehabt? Das bißchen Yoga*. Hast du, Babette, 10
einen Ehebruch begangen?

BABETTE
Mit wem?

BIEDERMANN
Also. —

Die Hausklingel klingelt.

Wir müssen im Himmel sein.

Auftritt Anna in Häubchen und Schürzchen.

BABETTE
Wieso ist Anna im Himmel? 15

Kaufen wird man wohl dürfen! There's nothing wrong with buying,
   is there!
Ich frag ja bloß I am just asking
Yoga an aspect of Hindu religion which has enjoyed some popularity
   in the West but which would hardly count as a sin against the commandment, "Thou shalt have no other gods before me."

141

Anna wandelt vorbei, ihr Haar ist lang und giftgrün.

Hoffentlich hat sie's nicht gesehen, Gottlieb, daß du die Streichhölzchen gegeben hast. Sie ist imstand und meldet es.

BIEDERMANN
Streichhölzchen!

BABETTE
Ich habe dir gesagt, daß es Brandstifter sind, Gottlieb, 5
schon in der ersten Nacht —

Auftreten Anna und der Polizist, der weiße Flügelchen trägt.

ANNA
Ich will ihn rufen.

Anna geht hinaus, und der Engel-Polizist wartet.

BIEDERMANN
Siehst du?

BABETTE
Was?

BIEDERMANN
Ein Engel. 10

Der Polizist salutiert.

BABETTE
Ich habe mir die Engel anders vorgestellt.

BIEDERMANN
Wir sind nicht im Mittelalter.

BABETTE
Hast du dir die Engel nicht anders vorgestellt?

Der Polizist dreht sich um und wartet.

Sollen wir knien?

BIEDERMANN

Frag ihn, ob hier der Himmel ist.

Biedermann ermuntert die zögernde Babette durch Nicken.

Sag ihm, wir warten schon eine halbe Ewigkeit.

Babette nähert sich dem Polizisten.

BABETTE

Mein Mann und ich —

BIEDERMANN

Sag ihm, wir sind Opfer.

BABETTE

Mein Mann und ich sind Opfer.   5

BIEDERMANN

Unsere Villa ist eine Ruine.

BABETTE

Mein Mann und ich —

BIEDERMANN

Sag's ihm!

BABETTE

— eine Ruine.

BIEDERMANN

Was unsereiner durchgemacht hat, das kann er sich ja 10
nicht vorstellen. Sag's ihm! Wir haben alles verloren.
Sag's ihm! Dabei sind wir schuldlos.

BABETTE

Das können Sie sich ja nicht vorstellen.

BIEDERMANN

Was unsereiner durchgemacht hat.

BABETTE

Mein ganzer Schmuck ist geschmolzen!   15

BIEDERMANN
Sag's ihm, daß wir schuldlos sind.

BABETTE
Dabei sind wir schuldlos.

BIEDERMANN
— verglichen mit andern!

BABETTE
— verglichen mit andern.

Der Engel-Polizist nimmt sich eine Zigarre.

POLIZIST
Haben Sie Streichhölzchen?

Biedermann erbleicht.

BIEDERMANN
Ich? Streichhölzchen? Wieso?

Eine mannshohe Stichflamme schlägt aus dem Boden.

POLIZIST
Hier ist ja Feuer, danke, das genügt.

Babette und Biedermann starren auf die Stichflamme.

BABETTE
Gottlieb —

BIEDERMANN
Still!

BABETTE
Was soll das bedeuten?

Auftritt eine Meerkatze.

MEERKATZE
Was gibt es denn?

POLIZIST
Ein paar Verdammte.

Meerkatze setzt sich eine Brille auf.

BABETTE
    Gottlieb, den kennen wir doch?

BIEDERMANN
    Woher?

BABETTE
    Unser Dr. phil.

Meerkatze nimmt die Rapporte und blättert.

MEERKATZE
    Wie geht's euch da oben?

POLIZIST
    Man kann nicht klagen, niemand weiß, wo Gott wohnt, 5
    aber allen geht es gut, man kann nicht klagen — danke.

MEERKATZE
    Wieso kommen die zu uns?

Der Polizist blickt in die Rapporte.

POLIZIST
    Freidenker.

Meerkatze hat zehn Stempel und stempelt jedesmal:

MEERKATZE
    DU SOLLST KEINE ANDEREN GÖTTER . . .

POLIZIST
    Ein Arzt, der eine falsche Spritze gespritzt hat.   10

MEERKATZE
    DU SOLLST NICHT TÖTEN.

POLIZIST
    Ein Direktor mit sieben Sekretärinnen.

MEERKATZE
    DU SOLLST DICH NICHT LASSEN GELÜSTEN.

POLIZIST
    Eine Abtreiberin.

145

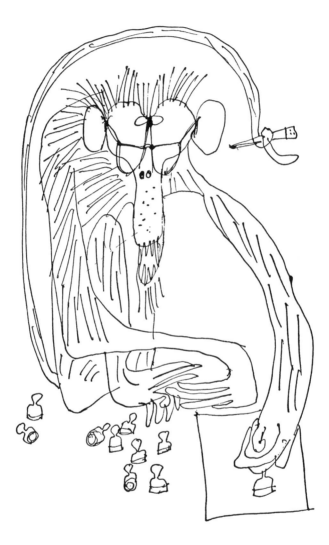

MEERKATZE
DU SOLLST NICHT TÖTEN.

POLIZIST
Ein besoffener Motorfahrer.

MEERKATZE
DU SOLLST NICHT TÖTEN.

POLIZIST
Flüchtlinge.

MEERKATZE
Was ist ihre Sünde?   5

POLIZIST
Hier: 52 Kartoffeln, 1 Regenschirm, 2 Wolldecken.

MEERKATZE
DU SOLLST NICHT STEHLEN.

POLIZIST
Ein Steuerberater.

MEERKATZE
DU SOLLST KEIN FALSCHES ZEUGNIS . . .

POLIZIST
Noch ein besoffener Motorfahrer.   10

Meerkatze stempelt wortlos.

Noch ein Freidenker.

Meerkatze stempelt wortlos.

Sieben Partisanen. Sie kamen fälschlicherweise in den
Himmel, jetzt hat sich herausgestellt, sie haben geplündert, bevor sie gefangen und an die Wand gestellt und
erschossen worden sind.   15

MEERKATZE
Hm.

POLIZIST
Geplündert ohne Uniform.

147

MEERKATZE
DU SOLLST NICHT STEHLEN.

POLIZIST
Noch eine Abtreiberin.

MEERKATZE
DU SOLLST NICHT TÖTEN.

POLIZIST
Und das ist der Rest.

MEERKATZE
DU SOLLST NICHT EHEBRECHEN.   5

Meerkatze stempelt mindestens dreizehn Rapporte.

Wieder nichts als Mittelstand! Der Teufel wird eine
Freude haben. Wieder nichts als Halbstarke*! Ich wage
es dem Teufel kaum noch zu melden. Wieder keine einzige Persönlichkeit, die man kennt! Kein einziger Minister, kein einziger Marschall —   10

POLIZIST
Tha.

MEERKATZE
Begleiten Sie die Leutchen hinunter, unser Beelzebub
hat schon geheizt, glaube ich, oder er ist dabei.

Polizist salutiert und geht.

BABETTE
Gottlieb — wir sind in der Hölle!

BIEDERMANN
Schrei nicht!   15

BABETTE
Gottlieb —

Babette bricht in Schluchzen aus.

---

nichts als Halbstarke nothing but "half-toughs" (derisive term for
   adolescents who cultivate toughness, cf. teddy boy, hipster)

BIEDERMANN
Herr Doktor?

MEERKATZE
Sie wünschen?

BIEDERMANN
Das muß ein Irrtum sein . . . Das kommt nicht in
Frage . . . Das muß geändert werden . . . Wieso kommen
wir in die Hölle, meine Frau und ich?   5

Zu Babette:

Beruhige dich, Babette, das muß ein Irrtum sein —

Zur Meerkatze:

Kann ich mit dem Teufel sprechen?

BABETTE
Gottlieb —

BIEDERMANN
Kann ich mit dem Teufel sprechen?

Meerkatze weist ins Leere, als wären Sessel da.

MEERKATZE
Nehmen Sie Platz.   10

Biedermann und Babette sehen keine Sessel.

Worum handelt es sich?

Biedermann nimmt Ausweise hervor.

Was soll das?

BIEDERMANN
Mein Führerschein.

MEERKATZE
Brauchen wir nicht.

Meerkatze gibt die Ausweise zurück, ohne sie anzusehen:

Ihr Name ist Biedermann?   15

149

BIEDERMANN
Ja.

MEERKATZE
Biedermann Gottlieb.

BIEDERMANN
Kaufmann.

MEERKATZE
Millionär.

BIEDERMANN
— woher wissen Sie das?   5

MEERKATZE
Wohnhaft Rosenweg 33.

BIEDERMANN
— ja . . .

MEERKATZE
Der Teufel kennt Sie.

Babette und Biedermann geben sich einen Blick.

Nehmen Sie Platz!

Es kommen zwei verkohlte Sessel auf die Bühne herab.

Bitte.   10

BABETTE
Gottlieb — unsere Sessel!

MEERKATZE
Bitte.

Biedermann und Babette setzen sich.

Sie rauchen?

BIEDERMANN
Nicht mehr.

150

MEERKATZE
    Ihre eignen Zigarren, Herr Biedermann . . .

Meerkatze nimmt sich eine Zigarre.

    Sie sind verbrannt?

BIEDERMANN
    Ja.

MEERKATZE
    Hat es Sie verwundert?

Sieben mannshohe Stichflammen schießen aus dem Boden.

    Danke, ich habe Streichhölzchen.   5

Meerkatze zündet sich die Zigarre an und raucht.

    Kurz und gut, was wünschen Sie?

BIEDERMANN
    Wir sind obdachlos.

MEERKATZE
    Wollen Sie ein Stück Brot?

BABETTE
    — Brot?

MEERKATZE
    Oder ein Glas Wein?   10

BIEDERMANN
    Wir sind obdachlos!

Meerkatze ruft.

MEERKATZE
    Anna!

Meerkatze raucht.

BABETTE
    Wir wollen nicht Brot und Wein —

151

MEERKATZE
    Nein?

BABETTE
    Wir sind keine Bettler —

BIEDERMANN
    Wir sind Opfer.

BABETTE
    Wir wollen keine Barmherzigkeit!

BIEDERMANN
    Wir sind das nicht gewohnt.   5

BABETTE
    Wir haben das nicht nötig!

Anna tritt auf.

ANNA
    Bitte sehr?

MEERKATZE
    Sie wollen keine Barmherzigkeit.

ANNA
    Sehr wohl.

Anna geht.

BIEDERMANN
    Wir wollen unser Recht.   10

BABETTE
    Wir hatten ein Eigenheim.

BIEDERMANN
    Unser gutes und schlichtes Recht.

BABETTE
    Unser schlichtes und gutes Eigenheim.

152

BIEDERMANN
Wir fordern Wiedergutmachung!

Meerkatze entfernt sich nach Art von Sekretären wortlos.

BABETTE
Wieso meint er, daß der Teufel dich kennt?

BIEDERMANN
Keine Ahnung . . .

Eine Standuhr schlägt.

BABETTE
Gottlieb — unsere Standuhr!

Die Standuhr hat neun geschlagen.

BIEDERMANN
Wir haben Anspruch auf alles, was verbrannt ist. Wir 5
waren versichert. Ich werde nicht ruhen, bis alles wie-
derhergestellt ist, glaub mir, so wie es war.

Meerkatze kommt von links zurück.

MEERKATZE
Augenblick. Augenblick.

Meerkatze geht nach rechts hinaus.

BIEDERMANN
Die Teufel machen sich wichtig!

BABETTE
Scht! 10

BIEDERMANN
Es ist aber wahr! Es fehlt jetzt nur noch*, daß sie Finger-
abdrücke verlangen. Wie in einem Konsulat! Bloß damit
man ein schlechtes Gewissen bekommt.

Babette legt ihre Hand auf seinen Arm.

Es fehlt jetzt nur noch The only thing lacking now is

153

BIEDERMANN

Ich habe kein schlechtes Gewissen, sei getrost, ich reg mich nicht auf, Babette, ich werde ganz sachlich sein, ganz sachlich.

Der Papagei kreischt.

Ganz sachlich!

BABETTE

Und wenn sie nach den Streichhölzchen fragen?   5

BIEDERMANN

Ich habe sie gegeben. Was weiter! Alle haben Streichhölzchen gegeben. Fast alle! Sonst wäre nicht die ganze Stadt niedergebrannt, ich hab's ja gesehen, wie das Feuer aus allen Dächern schlug. Auch bei Hofmanns! Auch bei Karl! Auch bei Professor Mohr! — ganz abgesehen 10 davon, daß ich in Treu und Glauben* gehandelt habe!

BABETTE

Reg dich nicht auf.

BIEDERMANN

Ich bitte dich: Wenn wir, du und ich, keine Streichhölzchen gegeben hätten, du meinst, das hätte irgend etwas geändert an dieser Katastrophe?   15

BABETTE

Ich habe keine gegeben.

BIEDERMANN

Und überhaupt — man kann doch nicht alle, wenn alle dasselbe tun, in die Hölle werfen!

BABETTE

Wieso nicht?

BIEDERMANN

Ein bißchen Gnade wird's wohl noch geben . . .   20

Meerkatze kommt zurück.

---

in Treu und Glauben   "in sincerity and faith" = in good faith

MEERKATZE

Bedaure! Der Herr der Unterwelt ist noch nicht da. Es sei denn, die Herrschaften wollen mit Beelzebub sprechen?

BABETTE

Beelzebub?

MEERKATZE

Der ist hier. 5

BIEDERMANN

Beelzebub?

MEERKATZE

Der stinkt aber. Wissen Sie, das ist der mit dem Pferdefuß und mit dem Bocksschwanz und mit den Hörnern. Sie kennen ihn! Aber der kann nicht viel helfen, Madame, ein armer Teufel wie Sepp. 10

BIEDERMANN

— — — Sepp?

Babette ist aufgesprungen.

Setz dich!

BABETTE

Hab ich's dir nicht gleich gesagt, Gottlieb, schon in der ersten Nacht —

BIEDERMANN

Schweig! 15

Biedermann gibt ihr einen Blick, so daß Babette sich setzt.

Meine Frau war herzkrank.

MEERKATZE

Ach.

BIEDERMANN

Meine Frau konnte oft nicht schlafen. Dann hört man Gespenster aller Art. Aber bei Tageslicht, Herr Doktor,

155

hatten wir keinen Grund zu irgendeinem Verdacht, ich schwör es Ihnen, nicht eine Sekunde lang . . .

Babette gibt Biedermann einen Blick.

BIEDERMANN
    Also ich nicht!

BABETTE
    Warum hast du sie denn auf die Straße werfen wollen, Gottlieb, eigenhändig und mitten in der Nacht?   5

BIEDERMANN
    Ich hab sie ja nicht hinausgeworfen!

BABETTE
    Eben.

BIEDERMANN
    Und warum, zum Teufel, hast du ihn denn nicht hinausgeworfen?

BABETTE
    Ich?   10

BIEDERMANN
    Statt ihm ein Frühstück zu geben mit Marmelade und Käse, du mit deinen weichen Eiern, ja, du!

Meerkatze raucht die Zigarre.

    Kurz und gut, Herr Doktor, wir hatten damals keine Ahnung, was in unserem Haus vorging, einfach keine Ahnung —   15

Man hört eine Fanfare.

MEERKATZE
    Vielleicht ist er das?

BABETTE
    Wer?

MEERKATZE
Der Herr der Unterwelt.

Man hört eine Fanfare.

Er ist zum Himmel gefahren, und es kann sein, daß er sehr vermiest ist, wir haben ihn schon gestern erwartet, es scheint wieder eine zähe Verhandlung gewesen zu sein.

BIEDERMANN
Meinetwegen?   5

MEERKATZE
Wegen dieser letzten Amnestie . . .

Meerkatze flüstert Biedermann ins Ohr.

BIEDERMANN
Das hab ich gelesen.

MEERKATZE
Und was sagen denn Sie dazu?

Meerkatze flüstert Biedermann ins Ohr.

BIEDERMANN
Das versteh ich nicht.

Meerkatze flüstert Biedermann ins Ohr.

Wieso?   10

Meerkatze flüstert Biedermann ins Ohr.

Glauben Sie?

MEERKATZE
Wenn der Himmel sich nicht an die Zehn Gebote hält —

BIEDERMANN
Hm.

MEERKATZE
Ohne Himmel keine Hölle!

BIEDERMANN
Hm.   15

MEERKATZE
Darum geht die Verhandlung!

BIEDERMANN
Um die Zehn Gebote?

MEERKATZE
Ums Prinzip.

BIEDERMANN
Hm.

MEERKATZE
Wenn der Himmel meint, daß die Hölle sich alles gefallen 5
läßt* —

Meerkatze flüstert Biedermann ins Ohr.

BIEDERMANN
Streik — ?

Meerkatze flüstert Biedermann ins Ohr.

Glauben Sie?

MEERKATZE
Ich weiß es nicht, Herr Biedermann, ich sage bloß, es ist
möglich. Sehr möglich. Je nach Ergebnis* dieser Ver- 10
handlung —

Man hört Fanfaren.

Er kommt!

Meerkatze entfernt sich.

BABETTE
Was hat er denn gesagt?

---

daß die Hölle sich alles gefallen läßt that hell puts up with everything
je nach Ergebnis depending on the result

158

BIEDERMANN
Es ist möglich, sagt er, sehr möglich, daß niemand mehr in die Hölle gelassen wird. Von heut an. Verstehst du: Überhaupt niemand mehr.

BABETTE
Wieso?

BIEDERMANN
Weil die Hölle streikt.   5

Die Hausklingel klingelt.

Die Teufel, sagt er, sind außer sich. Sie fühlen sich betrogen, sie haben auf eine Reihe von Persönlichkeiten gehofft, die der Himmel, scheint es, allesamt begnadigt, und die Teufel weigern sich, meint er, unter diesen Bedingungen noch eine Hölle zu führen. Man spreche von 10 einer Höllenkrise.

Anna kommt von links und geht nach rechts hinaus.

Wieso ist Anna in der Hölle?

BABETTE
Sie hat mir ein paar Strümpfe gestohlen. Ich wagte es dir damals nicht zu sagen. Ein Paar neue Nylon-Strümpfe.   15

Anna kommt und führt die Witwe Knechtling herein.

ANNA
Nehmen Sie Platz. Aber wenn Sie die Witwe Knechtling sind, machen Sie sich keine Hoffnung: Ihr Mann ist Selbstmörder. Nehmen Sie Platz! Aber machen Sie sich keine Hoffnung.

Anna geht, und die Witwe Knechtling steht, es ist kein Sessel da.

BABETTE
Was will denn die hier?   20

Biedermann nickt sauer-freundlich hinüber.

Die will uns anzeigen, Gottlieb . . .

Babette nickt sauer-freundlich hinüber.

BIEDERMANN
Soll sie*!

Man hört wieder Fanfaren, jetzt näher als das erste Mal.

Das ist ja Unsinn. Warum hat Knechtling nicht eine
Woche gewartet und gesprochen mit mir, Herrgottnochmal, in einem günstigen Augenblick? Ich konnte ja nicht   5
wissen, daß Knechtling sich tatsächlich unter den Gasherd legt, Herrgott nochmal, wegen einer Kündigung . . .

Man hört Fanfaren noch näher.

Also ich hab keine Angst.

Man hört Fanfaren noch näher.

Streichhölzchen! Streichhölzchen!

BABETTE
Vielleicht hat's niemand gesehen.   10

BIEDERMANN
Ich verbitte mir dieses Getue wegen einer Katastrophe.
Katastrophen hat's immer gegeben! — und überhaupt:
Schau einer sich unsere Stadt an*! Alles aus Glas und
verchromt! Ich muß schon sagen, einmal offen gesprochen, es ist ein Segen, daß sie niedergebrannt ist, gerade- 15
zu ein Segen, städtebaulich betrachtet* —

*Man hört Fanfaren, dann Orgel, in großer und feierlicher
Haltung erscheint eine prunkvolle Figur, ungefähr wie ein
Bischof gekleidet, aber nur ungefähr. Biedermann und Ba-
bette knien an der Rampe nieder. Die Figur steht in der Mitte.*

Soll sie! Let her!
Schau einer sich unsere Stadt an! Just let anybody look at our town!
städtebaulich betrachtet looked at from the point of view of city
   planning

160

FIGUR
　　Anna?

Die Figur zieht langsam die violetten Handschuhe aus.

Ich komme geradenwegs vom Himmel.

BIEDERMANN
　　Hörst du?

FIGUR
　　Es ist hoffnungslos.

Die Figur wirft den ersten Handschuh hin.

　　Anna?　　　　　　　　　　　　　　　　　　　　　5

Die Figur zieht langsam den andern Handschuh ab.

Ich zweifle, ob es der wahre Himmel ist, was ich gesehen
habe, sie behaupten es, aber ich zweifle . . . Sie tragen
Orden, und es riecht nach Weihrauch aus allen Laut-
sprechern. Eine Milchstraße von Orden habe ich gesehen,
ein Fest, daß es dem Teufel graust*: All meine Kunden 10
habe ich wiedergesehen, meine Großmörder alle, und die
Engelein kreisen um ihre Glatzen, man grüßt sich, man
wandelt und trinkt Halleluja, man kichert vor Begnadigung* — die Heiligen schweigen auffallend, denn sie sind
aus Stein oder Holz, Leihgaben*, und die Kirchenfürsten 15
(ich habe mich unter die Kirchenfürsten gemischt, um
zu erfahren, wo Gott wohnt) schweigen auch, obschon
sie nicht aus Stein oder Holz sind . . .

Die Figur wirft den Handschuh hin.

　　Anna?

────────────

daß es dem Teufel graust　　that the devil shudders
man kichert vor Begnadigung　　"they giggle on account of (their)
　　pardon" = they are terribly pleased with their pardon
Leihgaben　　on loan (presumably from a church or a museum)

Die Figur nimmt die Kopftracht ab, es ist Eisenring.

Ich habe mich verkleidet. Und die an der Macht sind da oben und sich selbst begnadigen, siehe, sie haben mich nicht erkannt: — Ich habe sie gesegnet.

Auftreten Anna und Meerkatze, die sich verneigen.

Man enthülle mich*!

Die Figur, nach wie vor in großer Haltung, streckt beide Arme aus, damit die vier seidenen Gewänder aufgeknöpft werden können, ein erstes: silberweiß, ein zweites: golden, ein drittes: violett, ein letztes: blutrot. Die Orgel verstummt. Biedermann und Babette knien an der Rampe.

Man bringe meinen Frack.   5

ANNA
Sehr wohl.

FIGUR
Und meine Perücke als Oberkellner.

Sie lösen das erste Gewand ab.

Ich zweifle, ob es der liebe Gott ist, der mich empfangen hat: — Er weiß alles, und wenn er die Stimme erhebt, so sagt er genau, was in den Zeitungen steht, wörtlich. 10

Der Papagei kreischt.

Wo ist Beelzebub?

MEERKATZE
Bei den Heizkesseln.

FIGUR
Er soll erscheinen.

Es wird plötzlich sehr rot.

FIGUR
Wieso dieser Feuerschein?

Man enthülle mich! "Let one uncover me!" = Have me uncovered!

162

MEERKATZE
Er heizt. Soeben sind ein paar Verdammte eingetroffen —
nichts Namhaftes, nein, so das Übliche . . .

Sie lösen das zweite Gewand ab.

FIGUR
Er soll die Heizkessel löschen.

MEERKATZE
Löschen?

FIGUR
Löschen.   5

Der Papagei kreischt.

Wie geht's meinem Papagei?

Die Figur bemerkt Biedermann und Babette.

Fragt die Leut, warum sie beten.

MEERKATZE
Sie beten nicht.

FIGUR
Aber sie knien —

MEERKATZE
Sie wollen ihr Eigenheim.   10

FIGUR
Was wollen sie?

MEERKATZE
Wiedergutmachung.

Der Papagei kreischt.

FIGUR
Ich liebe meinen Papagei. Das einzige Lebewesen, das
nicht seine Schlagwörter wechselt! Ich fand es in einem
brennenden Haus damals. Ein treues Biest! Ich will es   15

163

auf meine rechte Schulter setzen, wenn ich wieder auf die Erde geh.

Sie lösen das dritte Gewand ab.

Und jetzt, Mädelchen, meinen Frack!

ANNA
Sehr wohl.

FIGUR
Und Sie, Doktor, holen die Fahrräder. Sie erinnern sich? 5
Die zwei verrosteten Fahrräder.

Meerkatze und Anna verneigen sich und gehen.

BIEDERMANN
Willi! — das ist er doch? . . . Ich bin der Gottlieb, euer
Freund — Willi, erinnerst du dich nicht?

Die Figur löst das vierte und letzte Gewand ab.

BABETTE
Wir sind schuldlos, Herr Eisenring. Wieso kommen wir
zu Ihnen, Herr Eisenring? Wir sind Opfer, Herr Eisen- 10
ring. Mein ganzer Schmuck ist geschmolzen —

Die Figur steht in Hemd und Socken.

BIEDERMANN
Warum tut er, als kenne er uns nicht?

BABETTE
Er schämt sich, schau nicht hin!

Anna bringt die Frackhosen.

FIGUR
Danke, Mädelchen, danke sehr.

Anna will gehen.

Anna! 15

ANNA
Bitte sehr.

164

FIGUR
Bringen Sie zwei Kissen aus Samt.

ANNA
Sehr wohl.

FIGUR
Für die Herrschaften, die knien.

ANNA
Sehr wohl.

Anna geht hinaus, und die Figur steigt in die Frackhose.

BIEDERMANN
Willi —   5

BABETTE
Sie erinnern sich an uns, Herr Eisenring, ganz bestimmt,
meine Gans war Klasse, das sagten Sie selbst.

BIEDERMANN
Gans und Pommard!

BABETTE
Gefüllt mit Kastanien.

BIEDERMANN
Und Rotkraut dazu.   10

BABETTE
Und candlelight, Herr Eisenring, candlelight!

BIEDERMANN
Und wie wir zusammen gesungen haben —

BABETTE
Ach ja.

BIEDERMANN
Erinnerst du dich wirklich nicht?

BABETTE
Es war ein reizender Abend.   15

BIEDERMANN

Neunundvierziger, Willi, Cave de l'Echannon! Die beste Flasche aus meinem Keller. Willi? Hab ich nicht alles gegeben, damit wir Freunde werden?

Die Figur wischt über die Frackhosen.

Du bist mein Augenzeuge, Babette: Hab ich nicht alles gegeben, was ich im Haus hatte?   5

BABETTE

Sogar die Streichhölzchen.

Anna bringt zwei rote Kissen zu Biedermann und Babette.

ANNA

Sonst noch etwas?

Biedermann und Babette knien auf den roten Kissen.

FIGUR

Meine Weste, Mädelchen, meine weiße Weste!

ANNA

Sehr wohl.

FIGUR

Und die Perücke!   10

Anna geht, und die Figur bindet sich die Krawatte.

Cave de l'Echannon — ?

Biedermann nickt und strahlt vor Zuversicht.

Ich erinnere mich an alles, Gottlieb, sehr genau, wie nur der Teufel sich erinnert: Du hast angestoßen, um Brüderschaft zu trinken mit uns, und hast es nicht lassen können* — es war peinlich genug! — den Teufel auf die 15 Wange zu küssen.

Der Papagei kreischt.

---

hast es nicht lassen können   were not able to keep from

BIEDERMANN

Wir haben nicht gewußt, Willi, daß ihr die Teufel seid. Ehrenwort! Wenn wir gewußt hätten, daß ihr wirklich die Teufel seid —

Auftritt Sepp als Beelzebub mit Pferdefuß, Bocksschwanz und Hörnern; dazu trägt er eine große Kohlenschaufel.

BEELZEBUB

Was ist denn los?!

FIGUR

Brüll nicht.   5

BEELZEBUB

Wieso kleidest du dich um?

FIGUR

Wir müssen wieder auf die Erde, Sepp.

Anna bringt die weiße Weste.

Danke, Mädelchen, danke sehr.

Die Figur zieht die Weste an.

Hast du die Heizkessel gelöscht?

BEELZEBUB

Nein.   10

FIGUR

Tu, was ich dich heiße.

Der Feuerschein wird stärker als zuvor.

BEELZEBUB

Die Kohle ist drin! . . .

Anna bringt den Frack.

FIGUR

Augenblick, Mädelchen, Augenblick!

Die Figur knöpft die Weste:

Ich bin im Himmel gewesen —

BEELZEBUB

Und?

FIGUR

Ich habe verhandelt und verhandelt, ich habe alles versucht und nichts erreicht. Sie geben keinen einzigen heraus. Es ist hoffnungslos.

BEELZEBUB

Keinen einzigen?   5

FIGUR

Keinen einzigen.

Anna hält den Frack.

FIGUR

Doktor?

MEERKATZE

Zu Diensten.

FIGUR

Rufen Sie die Feuerwehr.

Meerkatze verneigt sich und geht.

BEELZEBUB

Sie geben keinen einzigen heraus?!   10

FIGUR

Wer eine Uniform trägt oder getragen hat, als er tötete, oder zu tragen verspricht, wenn er tötet oder zu töten befiehlt, ist gerettet.

BEELZEBUB

— gerettet?!

FIGUR

Brüll nicht.   15

BEELZEBUB

— gerettet!?

Man hört das Echo von oben.

ECHO
    Gerettet.

FIGUR
    Hörst du's?

ECHO
    Gerettet. Gerettet. Gerettet.

Beelzebub glotzt nach oben.

FIGUR
    Zieh deinen Plunder ab, Sepp, wir müssen wieder an die
    Arbeit.   5

Auftritt der Chor.

CHOR
    Wehe! Wehe! Wehe!

BABETTE
    Gottlieb?

BIEDERMANN
    Still!

BABETTE
    Was machen die hier?

CHOR
    Bürger der Vaterstadt, seht   10
    Unsere Ohnmacht:
    Wächter der Vaterstadt einst,
    Sorgsam im Löschen geschult,
    Trefflichgerüstete, ach,
    Sind wir verdammt,   15
    Ewig das Feuer der Hölle zu schauen,
    Freundlichgesinnte dem schmorenden Bürger,
    Machtlos.

FIGUR

Meine Herrn, löschen Sie die Hölle!

Der Chor ist sprachlos.

Ich denk ja nicht daran, eine Hölle zu führen für Bieder-
männer und Intellektuelle, Taschendiebe, Ehebrecher
und Dienstmädchen, die Nylon-Strümpfe gestohlen
haben, und Kriegsdienstverweigerer — ich denk ja nicht 5
daran!

Der Chor ist sprachlos.

Worauf warten Sie?

CHOR

Wir sind bereit.
Sorgsam gerollt sind die Schläuche, die roten,
Alles laut Vorschrift,   10
Blank ist und sorgsam geschmiert und aus Messing
Jeglicher Haspel,
Jedermann weiß, was zu tun ist,
Blank auch und sorgsam geprüft,
Daß es an Druck uns nicht fehle,   15
Ist unsere Pumpe,
Gleichfalls aus Messing.

CHORFÜHRER

Und die Hydranten?

CHOR

Jedermann weiß, was zu tun ist.

CHORFÜHRER

Wir sind bereit. —   20

Die Figur ordnet sich den Frack.

FIGUR

Also los.

Der Feuerschein ist wieder sehr stark.

170

CHORFÜHRER
An die Schläuche!
An die Pumpe!
An die Leiter!

Die Feuerwehrmänner rennen an ihre Plätze und rufen:

CHOR
Bereit.

CHORFÜHRER
Wir sind bereit.   5

FIGUR
Bitte.

Man hört das Zischen der Hydranten, der Feuerschein läßt nach.

Also, Herr Biedermann, es ist so, wie ich vermutet habe: —

FIGUR
Doktor!

MEERKATZE
Bitte sehr.   10

FIGUR
Unsere Fahrräder!

MEERKATZE
Sehr wohl.

FIGUR
Und meine Perücke, Mädelchen, meine Perücke!

ANNA
Sehr wohl.

FIGUR
Und meinen Papagei!   15

Meerkatze und Anna gehen.

171

BEELZEBUB

Mein Kinderglaube! Mein Kinderglaube!
Du sollst nicht töten, ha, und ich hab's geglaubt.
Was machen die aus meinem Kinderglauben!

Die Figur putzt sich die Fingernägel.

Ich, Sohn eines Köhlers und einer Zigeunerin, die nicht
lesen konnte, sondern nur die Zehn Gebote im Kopf hatte, 5
ich bin des Teufels*. Wieso? Bloß weil ich alle Gebote
verhöhnt hab. Scher dich zur Hölle*, Sepp, du bist des
Teufels! das sagten mir alle, und ich habe mich geschert.
Ich habe gelogen, weil dann alles besser ging, und wurde
des Teufels. Ich habe gestohlen, wo es mich gelüstete, 10
und wurde des Teufels. Ich habe gehurt, was da vorbei-
kam, siehe, Lediges und Verheiratetes, denn es gelüstete
mich, und ich fühlte mich wohl, wenn ich mich gelüsten
ließ, und wurde des Teufels.
Und sie fürchteten mich in jedem Dorf, denn ich war 15
stärker als alle, weil ich des Teufels war. Ich stellte ihnen
das Bein*, wenn sie zur Kirche gingen, denn es gelüstete
mich, ich zündete ihre Ställe an, während sie da beteten
und sangen, jeden Sonntag, denn es gelüstete mich, und
ich lachte über ihren lieben Gott, der mir nicht beikam*. 20
Wer fällte die Tanne, die meinen Vater erschlug, am
hellichten Tag, und meine Mutter, die für mich betete,
starb vor Kummer über mich, und ich kam ins Waisenhaus, um es anzuzünden, und in den Zirkus, um ihn
anzuzünden, denn es gelüstete mich mehr und mehr, und 25
ich legte Feuer in allen Städten, bloß um des Teufels
zu sein — Du sollst! Du sollst nicht! Du sollst! denn wir
hatten nicht Zeitung noch Rundfunk da draußen im
Wald, sondern bloß eine Bibel, siehe, und so glaubte
ich's, daß man des Teufels sei, wenn man tötet und 30

---

ich bin des Teufels   I have gone to the devil
Scher dich zur Hölle   Go to hell
Ich stellte ihnen das Bein   I tripped them
der mir nicht beikam   who couldn't get at me

schändet und mordet und jegliches Gebot verhöhnt und
ganze Städte mordet — so glaubte ich's! . . .

Die Figur lacht.

's ist nicht zum Lachen, Willi!

Anna bringt die Perücke.

FIGUR
Danke, Mädelchen, danke sehr.

Meerkatze bringt zwei verrostete Fahrräder.

BEELZEBUB
's ist nicht zum Lachen, ich möchte kotzen, wenn ich den   5
Lauf der Zeiten seh. Was machen die aus meinem Kinderglauben! Ich kann nicht soviel fressen, wie ich kotzen
möchte.

Die Figur hat sich die Perücke angezogen.

FIGUR
Mach dich bereit!

Die Figur nimmt ein verrostetes Fahrrad.

Ich brenne darauf, meine alte Kundschaft wiederzusehen,   10
die feinen Leut, die niemals in die Hölle kommen, und
sie von neuem zu bedienen — ich brenne drauf! . . .
Noch einmal Funken und prasselnde Flammen, Sirenen,
die immer zu spät sind, Hundegebell und Rauch und
Menschenschrei — und Asche!   15

Beelzebub schnallt sich den Bockschwanz ab.

FIGUR
Bist du bereit?

BEELZEBUB
Augenblick —

Die Figur schwingt sich auf den Sattel und klingelt.

Ich komm ja schon.

Beelzebub schnallt sich den Pferdefuß ab.

173

CHORFÜHRER
    Pumpe halt!
    Schläuche nieder!
    Wasser halt!

Der rote Feuerschein verschwindet gänzlich.

FIGUR
    Bereit?

Beelzebub nimmt sich das andere Fahrrad.

BEELZEBUB
    Bereit! 5

Beelzebub schwingt sich auf den Sattel und klingelt.

FIGUR
    Und deine Hörner?

Beelzebub muß noch die Hörner abnehmen.

    Anna?

ANNA
    Bitte sehr.

FIGUR
    Danke, Mädelchen, danke sehr für alle deine Dienste.
    Warum bist du mürrisch von früh bis spät? Ein einziges 10
    Mal hast du gelacht. Erinnerst du dich? — als wir das
    Liedchen sangen vom Fuchs und von der Gans und vom
    Schießgewehr.

Anna lacht.

    Wir werden's wieder singen!

ANNA
    O bitte! 15

Auftritt der Chor.

CHOR
    Bürger der Vaterstadt, seht —

FIGUR

Fassen Sie sich kurz*!

CHOR

— die Hölle ist gelöscht.

FIGUR

Danke. —

Die Figur greift in die Hosentasche.

Hast du Streichhölzer?

BEELZEBUB

Ich nicht.   5

FIGUR

Ich auch nicht.

BEELZEBUB

Immer das gleiche!

FIGUR

Man wird sie uns schenken . . .

Meerkatze bringt den Papagei.

Mein Papagei!

Die Figur setzt sich den Papagei auf die rechte Schulter.

Damit ich es nicht vergesse, Doktor: Hier werden keine 10
Seelen mehr angenommen. Sagen Sie den braven Leutchen, die Hölle streikt. Und wenn ein Engel uns sucht,
sagen Sie, wir sind auf der Erde.

Beelzebub klingelt.

Also los.

Schmitz und Eisenring fahren los und winken.

Fassen Sie sich kurz!   Make it short!

175

BEIDE
Alles Gute, Gottlieb, alles Gute!

Vortritt der Chor.

Strahl der Sonne,
Wimper, o göttlichen Auges,
Aufleuchtet noch einmal
Tag —   5

CHORFÜHRER
Über der wiedererstandenen Stadt.

CHOR
Halleluja!

Der Papagei kreischt in der Ferne.

BABETTE
Gottlieb?

BIEDERMANN
Still jetzt.

BABETTE
Sind wir jetzt gerettet?   10

BIEDERMANN
Nur jetzt nicht den Glauben verlieren.

Die Witwe Knechtling geht.

CHOR
Halleluja!

BABETTE
Die Knechtling ist gegangen —

CHOR
Schöner denn je
Wiedererstanden aus Trümmer und Asche   15
Ist unsere Stadt,
Gänzlich geräumt und vergessen ist Schutt,

Gänzlich vergessen auch sind,
Die da verkohlten, ihr Schrei
Aus den Flammen —

BIEDERMANN
Das Leben geht weiter.

CHOR
Gänzlich Geschichte geworden schon sind sie.   5
Und stumm.

CHORFÜHRER
Halleluja!

CHOR
Schöner denn je,
Reicher denn je,
Turmhoch-modern,   10
Alles aus Glas und verchromt,
Aber im Herzen die alte,
Halleluja,
Wiedererstanden ist unsere Stadt!

Eine Orgel setzt ein.

BABETTE
Gottlieb?   15

BIEDERMANN
Was denn?

BABETTE
Glaubst du, wir sind gerettet?
— ich glaub schon ...

Die Orgel schwillt, Biedermann und Babette knien, der

Vorhang fällt.

VOCABULARY

The following words have been omitted from this vocabulary: articles, numerals, pronouns, most conjunctions and prepositions. Weak masculine nouns are indicated as follows: der Mensch, –en, –en. Nouns which take adjective endings are listed as follows: der Ängstlich-

A

ab und zu   now and then
der Abend, –e   evening
das Abendessen, –   supper
das Abendmahl   supper; the Last Supper, the Lord's Supper; Holy Communion
aber   but
abermals   again
ab·lösen   to loosen; to take off
ab·machen   to settle, arrange; abgemacht   agreed
ab·nehmen, a, o   to take off, remove, take away
ab·putzen   to clean
ab·schlagen, u, a   to knock off
ab·schnallen   to unbuckle
ab·sehen, a, e   to look away from; abgesehen von   irrespective of, apart from
ab·stellen   to put down, deposit
die Abtreiberin, –(nn)en   woman abortionist
ab·trocknen   to dry off
ab·wischen   to wipe off
ab·ziehen, o, o   to pull off, take off
achten   to respect, regard, esteem
die Adresse, –n   address
die Ahnung, –en   presentiment
der Akademiker, –   person with a university education
alle   all; sie sind alle   they are finished; ein für allemal   once and for all

allein   alone
allerschwerst-   most serious, most difficult
allesamt   all together
alleweil   always
allgemein   general(ly)
allzumenschlich   all-too-human
das Allzuverdächtige   that which is all too suspicious
alt   old
altmodisch   old-fashioned
die Amnestie, –n   amnesty
an·bieten, o, o   to offer
an·blicken   to look at
ändern   to change
andres = anderes   something else; nichts andres   nothing else
der Anfang, –̈e   beginning, start
an·gehen, i, a   to concern
der Angestellte, –n, –n   employee
die Angst, –̈e   fear, anxiety
ängstlich   fearful, timid
der Ängstlich-   fearful (man)
an·heben, o, o   to begin, commence; to hoist, raise
an·knipsen   to turn on (as of a light)
an·kommen, a, o   to arrive; es kommt auf sie an   it depends on her
an·nehmen, a, o   to accept; to assume
der Anruf, –e   call, telephone call
sich an·schauen   to look at
an·schreien, ie, ie   to scream at

179

die **Anschrift, —en** inscription; address

an·sehen, a, e to look at; **sich ansehen** to look at

der **Anspruch, ⁼e** claim, demand

an·starren to stare at

an·stoßen, ie, o to clink glasses, toast

antik antique

die **Antwort, —en** answer

antworten to answer

der **Anwalt, ⁼e** lawyer

an·weisen, ie, ie to point out, show, direct

an·zeigen to report (to the police)

an·ziehen, o, o to dress, put on

an·zünden to light (as of a fire), ignite

die **Arbeit, —en** work

arbeiten to work

arbeitslos unemployed

arglos guileless, innocent, harmless

der **Argwohn** suspicion

arm poor

der **Arm, —e** arm

die **Armbanduhr, —en** wrist watch

der **Ärmel, —** sleeve

die **Art, —en** kind; manner; style

der **Arzt, ⁼e** physician

die **Asche** ash, ashes

der **Aschenbecher, —** ashtray

der **Athlet, —en, —en** athlete

atmen to breathe

auch also; even; really

auf·atmen to breathe a sigh of relief

auf·drängen to intrude, urge upon, force one's presence

auffallend striking, conspicuous, remarkable

auf·geben, a, e to give up

auf·gehen, i, a to open (*intrans. verb*)

auf·hängen to hang, string up

auf·heben, o, o to lift up

auf·knöpfen to unbutton

auf·leuchten to light up, shine

auf·machen to open

aufmerkend attentive, alert

sich auf·regen to get excited, excite oneself

die **Aufregung, —en** excitement

auf·reißen, i, i to rip open, force open

aufrichtig sincere(ly)

auf·schlagen, u, a to open (as of a book)

auf·springen, a, u to jump up

auf·stehen, a, a to get up, stand up

auf·treiben, ie, ie to get hold of, procure (with difficulty)

auf·treten, a, e to appear, make an appearance, come on stage

auf·wachsen, u, a to grow up

das **Auge, —n** eye

der **Augenblick, —e** moment, instant

augenblicklich immediately

der **Augenzeuge, —n, —n** eyewitness

aus·blasen, ie, a to blow out

aus·brechen, a, o to break out, burst out, force out

ausdrücklich expressly

aus·fahren, u, a to drive out

ausführlich detailed, full

der **Ausgang, ⁼e** one's afternoon or evening or day out, time off (from duty); departure, exit

ausgenommen except

ausgerechnet (*coll.*) that would happen

ausgesprochen marked(ly), decided(ly)

aus·halten, ie, a to bear, endure

aus·legen to lay out

aus·löffeln to empty with a spoon

aus·machen to constitute, amount to, come to; **es macht nichts aus** it does not matter

aus·nutzen to exploit

das **Außenviertel, —** outlying district

außer except; **außer sich sein** to be beside oneself

die **Äußerlichkeit, —en** externals; formality; superficiality

aus·strecken to stretch out

der **Ausweis, —e** credentials, identity card

aus·ziehen, o, o to take off

B

das **Badezimmer, —** bathroom

die **Bank, ⁼e** bench

die **Barmherzigkeit** compassion, charity

Beaujolais a French wine of the Burgundy district

bedauern to regret

bedenken, a, a to contemplate, think about

bedienen to serve

die **Bedingung, —en** condition

sich beeilen to hurry

Beelzebub Beelzebub, Devil

sich befassen (**mit**) to concern oneself (with)

befehlen, a, o to order, command
befestigen to fasten
begabt talented
begehen, i, a to commit
begehren to covet, desire
beginnen, a, o to begin
begleiten to accompany, escort
begnadigen to pardon
die Begnadigung, –en pardon, reprieve; amnesty
begraben, u, a to bury
begreifen, i, i to understand, comprehend
behandeln to treat
behaupten to assert, maintain
sich beherrschen to restrain oneself
bei·kommen, a, o to get at, reach
das Bein, –e leg; bone
beisammen together
beiseite aside
das Beispiel, –e example; zum Beispiel for example
der Bekannt- acquaintance
bekanntlich as is well known
beklagen to complain
bekommen, a, o to receive, get
bekümmern to trouble, distress
belesen well-read
beliefern to supply
belustigen to amuse
bemerken to notice
das Benehmen manners, conduct, behavior
benutzen to use
das Benzin gasoline
der Benzingeruch, ⁻e smell of gasoline
bereit ready
bereuen to regret
der Beruf, –e profession; von Beruf by profession
sich beruhigen to calm down
beschlagnahmen to seize, confiscate
besitzen, a, e to own, possess
besoffen (vulg.) drunk
die Besprechung, –en conference
das Besteck, –e silverware, place setting
bestehen, a, a (aus) to consist (of)
bestellen to order
die Bestie, –n beast
der Besuch, –e visit; Besuch haben to have company
sich betätigen to busy oneself
die Beteiligung, –en participation; partnership
beten to pray
betrachten to look at, observe

betreffen, a, o to concern
betrogen deceived, cheated
betrunken drunk, intoxicated
das Bett, –en bed
der Bettler, – beggar
bevor·stehen, a, a (with dat.) to be in store for
bewachen to guard
bezahlen to pay
bezeichnen to describe
die Bibel Bible
bieder upright, honest, honorable; staunch; conventional
der Biedermann, ⁻er man of worth or integrity; very respectable bourgeois; (pl., sometimes used ironically) worthies, philistines
das Biest, –er beast
das Bild, –er image, picture
die Bildung, –en education
billig cheap
binden, a, u to bind, tie, fasten
der Bischof, ⁻e bishop
bißchen a little bit
bitte please
bitten, a, e to beg, ask for
bitterernst extremely serious
blank bright; die blanke Wahrheit the plain truth
blasen, ie, a to blow
blättern to turn pages, leaf
das Blech, –e sheet metal
bleiben, ie, ie to remain
bleich pale
der Blick, –e glance
blicken to look, glance
blind blind
blöde stupid
der Blödsinn nonsense, folly
bloß bare(ly); mere(ly)
die Blume, –n flower
das Blut blood
blutrot red as blood
das Bockshorn hartshorn; einen ins Bockshorn jagen to intimidate or startle a person
der Bocksschwanz, ⁻e goat's tail
der Boden, ⁻ floor; attic
böse bad, evil; angry
das Böse evil
der Brand, ⁻e fire, conflagration
der Brandherd, –e heart of a fire
der Brandstifter, – arsonist, incendiary, fire-setter, (coll.) firebug
die Brandstifterei incendiarism
die Brandstiftung arson, incendiarism
braten, ie, a to roast

brauchen to need
brav good, worthy, upright, honest; well-behaved
brechen, a, o to break
brennbar combustable
brennen, a, a to burn; **brennen auf** to be eager to
der **Brennstoff, −e** fuel, inflammable matter
die **Brille, −n** eyeglasses, spectacles
der **Brillenträger, −** man wearing eyeglasses
bringen, a, a to bring
das **Brot, −e** bread
die **Brüderlichkeit** brotherliness
die **Brüderschaft** brotherhood; **Brüderschaft trinken** to pledge one's intimate friendship with a person
brüllen to roar, bellow
die **Brust, ⁻e** chest; breast
die **Brusttasche, −n** breast pocket
sich bücken to bow
die **Bühne, −n** stage
der **Bürger, −** citizen, townsman; bourgeois
das **Bürgergeschlecht** race of (solid) citizens
das **Burgunderglas** glass filled with Burgundy wine
der **Bursche, −n, −n** fellow
die **Butter** butter
das **Butterbrot, −e** sandwich

C

Cave de l'Echannon name of an excellent French wine
der **Chor, ⁻e** chorus; choir
der **Chorführer, −** leader of the chorus

D

da (*sub. conj.*) since
da (*adv.*) there, here
dabei withal, yet; moreover, at the same time; **dabei sein** to be in the process of
der **Dachboden, ⁻** attic
die **Dachrinne, −n** gutter
der **Dachstock, ⁻e** attic
dahin thither, in that direction
dahin·leben to go on living uneventfully
dahinten back there; behind; at the back
der **Damast** damask

die **Dame, −n** lady
das **Dämmerdunkel** deep dusk
der **Dank** gratitude
dankbar grateful
danken to thank
dann then
darum therefore; that is why
dasselbe the same
davon·laufen, ie, au to run away
decken to cover; **den Tisch decken** to set the table
der **Defaitismus** defeatism
denkbar conceivable
denken, a, a to think
die **Detonation, −en** detonation
deuten to interpret
die **Deutung, −en** interpretation
dienen to serve
der **Dienst, −e** service; **zu Diensten** at your service
das **Dienstmädchen, −** maid
das **Ding, −e** thing
der **Dingsda** (*coll.*) you know who (*coll.*), what's-his-name (*coll.*)
der **Direktor, −en** manager, director
die **Diskussion, −en** discussion
sich distanzieren to dissociate oneself; to place oneself at a distance, remove onself
doch after all; yet; surely; nevertheless
der **Doktor, −en** doctor; **Dr. phil.** Doctor of philosophy
das **Dorf, ⁻er** village
dran = daran thereon; **was ist der Witz daran** what is the joke
drauf = darauf thereon, thereupon; **drauf und dran sein** to be about to
draußen outside
sich drehen to turn oneself
dreieinhalb three and one half
dreimal three times
dringend urgent, pressing
drittbest- third best
drohen to threaten
dröhnend booming(ly), roaring(ly)
der **Druck, ⁻e** pressure
drücken to press
drum = darum therefore, that is why
der **Duft, ⁻e** fragrance
duften to smell
dulden to tolerate
dumm stupid
der **Dummkopf, ⁻e** blockhead
dünken (*with acc.*) to seem

durchaus absolutely, positively
durch·führen to carry out, execute
durch·lassen, ie, a to let through
durch·machen to go through, endure
durch·schauen to look through
dürfen, u, u to be permitted, may
duschen to take a shower

E

eben precisely; just now; simply; even
ebensogut just as well
das **Echo, –s** echo
die **Ecke, –n** corner
ehe before
ehebrechen (*used only as infinitive*) to commit adultery
der **Ehebrecher, –** adulterer
der **Ehebruch, ⁻e** adultery
ehren to honor
das **Ehrenwort** word of honor
ehrlich honest
das **Ei, –er** egg
eigen (one's) own
eigenhändig with one's own hand
das **Eigenheim, –e** home of one's own
eigentlich real(ly), true(ly), proper(ly), actual(ly)
das **Eigentum, ⁻er** property
die **Eile** hurry
eilig hurried
der **Eimer, –** pail
einander one another, each other
eindeutig unequivocal(ly), plain(ly), clear(ly)
der **Eindruck, ⁻e** impression
einfach simple; simply
ein·fallen, ie, a to occur (as of a thought)
ein·gehen, i, a (**auf**) to acquiesce (in), agree (to)
ein·gießen, o, o to pour in
das **Einkommen, –** income
ein·laden, u, a to invite
die **Einladung, –en** invitation
einmal once; some time; **auf einmal** all at once, suddenly
ein·nehmen, a, o to take (as of a medicine); **eine Stellung einnehmen** to assume a position
sich ein·nisten to build one's nest; to settle down
ein·sehen, a, e to realize, understand

ein·setzen to strike up, set in, begin
einst once, at some future time, one day
ein·stecken to put in; to pocket
die **Einstellung, –en** attitude
ein·treffen, a, o to arrive
ein·treten, a, e to enter; to happen
einzig single, sole, only
das **Einzigrichtige** the only right thing
die **Eisblume, –n** frost etching
empfangen, i, a to receive
endlich finally
das **Ende, –n** end
der **Engel, –** angel
das **Engelein, –** little angel
entfachen to blow into flame, kindle, fan
sich entfernen to go away, depart, withdraw
enthüllen to reveal, uncover, unveil
entkorken to draw a cork
entlassen, ie, a to dismiss, fire
entrüstet provoked, angry
entschlossen resolved, determined, firm, resolute
entschuldigen to excuse
die **Entschuldigung, –en** excuse
entsetzt horrified
entstehen, a, a to originate, come about
erbleichen, i, i to grow pale, blanch
die **Erde** earth; globe
das **Ereignis, –(ss)e** event
die **Erfindung, –en** invention
erfahren, u, a to experience
der **Erfinder, –** inventor
erfreuen to gladden, delight, cheer; **sehr erfreut** very pleased
das **Ergebnis, –(ss)e** result
erheben, o, o to raise; **sich erheben, o, o** to rise, get up
sich erholen to recover
erinnern to remind; **sich erinnern** to remember
sich erkälten to catch cold
erklären to explain
erkennen, a, a to recognize
die **Erklärung, –en** explanation
erleben to experience
die **Erleichterung, –en** relief
ermuntern to encourage
ernst serious(ly)
der **Ernst** seriousness, earnestness; **in Ernst** seriously
erreichen to achieve
erscheinen, ie, ie to appear

183

erschießen, o, o to shoot
erschlagen, u, a to slay, kill
erschöpfen to exhaust
erschrecken, a, o to startle; to be startled
erschüttert stirred, shocked, deeply affected
ersparen to save
erst first
erstaunlicherweise astonishingly
erstaunt astonished
erwecken to awaken, arouse
erzählen to tell, recount
essen, a, e to eat
der Estrich, –e top story (*Swiss*); stone floor; pavement
das Etablissement (*Fr.*) establishment
die Etikette, –n label
etwas something; somewhat
die Ewigkeit eternity

F

fahren, u, a to ride; to drive; to go
das Fahrrad, ⁻er bicycle
fallen, ie, a to fall
fällen to cause to fall, lay low
fälschlicherweise mistakenly, by mistake
die Fanfare, –n fanfare, flourish of trumpets
fangen, i, a to catch
das Faß, ⁻(ss)er barrel
fassen to seize; **sich fassen** to collect oneself; **sich kurz fassen** to be brief
faszinierend fascinating
faul lazy
die Faust, ⁻e fist
fehlen (an) to be lacking (in)
der Fehler, – fault, mistake
der Feierabend, – evening leisure; time for leaving off work
feierlich solemn, festive
fein fine; refined
der Feind, –e enemy
das Fenster, – window
fern distant
die Ferne distance
fertig·werden, u, o (mit) to deal successfully (with)
das Fest, –e festival
das Feuer, – fire
feuergefährlich highly inflammable
das Feuergefährliche the highly inflammable

feuern to burn, spark, glow; to fire (a boiler or firearms)
die Feuersbrunst, ⁻e conflagration, fire
der Feuerschein glare of a fire
die Feuerversicherung, –en fire insurance
die Feuerwehr fire brigade, fire department
feuerwehrgleich like the fire brigade
der Feuerwehrmann, ⁻er fireman
die Figur, –en figure
finden, a, u to find; **was finden Sie dazu?** what do you think of that?
der Finger, – finger
der Fingerabdruck, ⁻e fingerprint
die Fingerschale, –n finger bowl
finster dark
flach flat
die Flamme, –n flame
die Flasche, –n bottle
das Fleisch meat, flesh
flink quick(ly)
flitzen to move rapidly, flit, dash, scurry
der Flüchtling, –e refugee
das Flügelchen, – little wing
der Flur, –e (entrance) hall, corridor
flüstern to whisper
der Föhn warm wind (characteristic of Switzerland)
folgen to follow
foppen to fool, tease
fort·schicken to send away
der Frack, ⁻e dress coat, tails, tail coat
die Frackhose, –n trousers of a formal evening suit
die Frage, –n question; **in Frage kommen** to come under consideration
fragen to ask; **fragen nach** to inquire about
die Frau, –en woman; wife
die Frauenstimme, –n voice of a woman
das Fräulein, – miss
frei free; empty; **ich bin so frei** I take the liberty
der Freidenker, – freethinker
freilich of course
der Fremd- stranger
fressen, a, e to eat (of animals), devour, feed

die **Freude, –n** joy, enjoyment;
  Freude haben an to enjoy
sich freuen to rejoice, be glad
der **Freund, –e** friend
freundlich friendly
der **Freundlichgesinnt-** kindly disposed person
die **Freundlichkeit** friendliness
die **Freundschaft, –en** friendship;
  auf unsere Freundschaft to our friendship (toast)
der **Frieden** peace
friedlich peaceful(ly)
frieren, o, o to freeze
die **Front, –en** front
fruchtbar fruitful, fertile
das **Frühstück, –e** breakfast
der **Fuchs, ⁻e** fox
fühlen to feel
führen to lead, conduct
der **Führerschein, –e** driver's license
füllen to fill
der **Funke, –ns, –n** spark
furchtbar terrible, awful
fürchten to fear
der **Fuß, ⁻e** foot
die **Fußspitze, –n** tip of the foot;
  auf Fußspitzen on tiptoe
futtern (*coll.*) to eat

G

der **Gang, ⁻e** motion, movement;
  progress (as of disease, dinner);
  in vollem Gang in full progress;
  im Gang sein ta take place, occur
die **Gans, ⁻e** goose
das **Gansbein, –e** leg of a goose
das **Gansessen** goose dinner
ganz whole, entire
das **Ganze** the whole thing
gänzlich completely
gar quite, very, entirely
das **Gashahn, ⁻e** gas tap; (*coll.*)
  sich unter den Gashahn legen put one's head in the gas oven, commit suicide
der **Gasherd, –e** gas stove
der **Gasometer, –** gasometer
der **Gast, ⁻e** guest
die **Gattin, –(nn)en** wife
das **Gebälk** framework
das **Gebell** barking
geben, a, e to give; **es gibt** there is, are; **es gibt das** that exists
das **Gebot, –e** commandment
der **Gedanke, –n, –n** thought

die **Gefahr, –en** danger
gefährlich dangerous(ly)
gefallen, ie, a to please; **sich** (*dat.*)
  etwas gefallen lassen to put up with a thing
gefälligst kindly; if you please
das **Gefängnis, –(ss)e** prison
der **Gefängniswagen, –** police van
gefaßt composed
das **Geflügelmesser, —** knife used for carving poultry
das **Gegenteil, –e** opposite, contrary
gehen, i, a to go
gehören to belong
der **Geist, –er** ghost; spirit; intellect; mind
gekleidet dressed
das **Gekreisch** shrieking, shrieks
das **Gelächter** laughter
das **Geläute** ringing (of bells)
gelb yellow
sich gelüsten lassen, ie, a to covet, lust after
gemütlich cozy, congenial
genau exact(ly)
genaugenommen strictly speaking
die **Genehmigung, –en** approval, consent; authorization
genießen, o, o to enjoy
genug enough
genügen to suffice
genussvoll full of enjoyment
das **Gepolter** rumbling, racket, noise
geradenwegs straightway
geräumt cleared, emptied
gerettet saved
gerollt rolled
der **Geruch, ⁻e** smell, odor
das **Gerücht, –e** rumor
gerüstet equipped
das **Geschäft, –e** office; store; business
geschäftlich on business
geschehen, a, e to happen
die **Geschichte, –n** story; history
geschlagen beaten
geschmacklos tasteless
das **Geschöpf, –e** creature
geschult schooled
geschwind rapid(ly)
der **Geselle, –n** fellow
die **Gesellschaft, –en** society; company; social gathering
das **Gesicht, –er** face
gesinnt (*with dat.*) disposed to
das **Gespenst, –er** ghost
gestatten to permit, allow

gestern yesterday
gestreckt stretched out
getrost confidently, without embarrassment
das Getue (*coll.*) fuss; pretense; doings, goings-on
das Gewand, ⁻er garment, robe
gewinnen, a, o to win
gewiß certain(ly)
das Gewissen, – conscience
der Gewohnheitskuss, ⁻ perfunctory kiss
gewohnt familiar; **es gewohnt sein** to be used to it
geziemen to be suitable, befit, become
gießen, o, o to pour
giftgrün poisonous green (cobalt green)
das Gitterfenster, – barred window
glänzend sparkling, shiny
das Glas, ⁻er glass
die Glatze, –n bald spot; bald head
der Glaube, –n faith, belief
glauben to believe
gleich same; just as, like; immediately
gleichfalls also, likewise
die Gleichmacherei equalization, leveling, making everyone the same
die Glocke, –n bell
das Glockengeläute ringing of the bells
glotzen to gape, stare
das Glück luck, good fortune
die Gnade, –n mercy; grace
gnädig merciful; kind; gracious
der Gott, ⁻er God; god, deity; **um Gottes willen** for God's sake
göttlich divine
das Gottesgericht, –e divine judgement
grad = gerade (*adj.*) straight, direct; (*adv.*) quite, just, exactly
grausen (*with dat.*) to shudder, be horrified
greifen, i, i to seize, grasp, catch hold of
grölen to bawl
groß big, large
großartig splendid
der Großmörder, – mass murder
der Grund, ⁻e ground; reason
günstig favorable, propitious, advantageous
die Gurke, –n pickle
gurren to coo

gut good
die Güte goodness, kindness
gutmütig good-natured
die Gutmütigkeit goodheartedness

H

das Haar, –e hair
das Haarwasser hair tonic
halb half
der Halbstark- (*coll.*) (*lit.*) halftough (derisive term for adolescent who cultivates toughness, cf. teddy boy, hipster)
Halleluja hallelujah
halt (*dial.*) all things considered, just, in my opinion
halten, ie, a to hold; to stop; **halten für** to consider, take to be; **sich halten an** to follow (a commandment)
die Haltung, –en posture; attitude
der Halunke, –ns, –n rascal
die Hand, ⁻e hand
handeln to act; **sich handeln um** to concern, be a question of; **um was handelt es sich?** what is the point in question?
das Handgelenk, –e wrist
die Handschellen (*pl.*) handcuffs
der Handschuh, –e glove
das Handtuch, ⁻er towel
das Hanebüchene the preposterous, the unheard-of
hantieren to manipulate
harmlos harmless
der Harn urine
hart hard
der Haspel, – reel, winder
die Hast hurry
hastig hastily
das Häubchen, – little cap, bonnet
hauen to beat, strike
die Hauptsache, –n main thing
das Haus, ⁻er house; **zu Hause** at home
der Hauseigentümer, – house owner
die Hausfrau, –en housewife
der Hausierer, – peddler
die Hausjacke, –n smoking jacket
die Hausklingel, –n house bell
die Haustür, –en house door
heben, o, o to lift
heil! hail!
heilig sacred, holy
der Heilige, –n, –n saint

das **Heilige**   that which is holy
heiligen   to make holy, sanctify
heiß   hot
heißen, ie, ei   to be called; to mean; to bid, order; **was soll das heißen?** what is the meaning of this?
heizen   to heat, make a fire
helfen, a, o   to help
der **Heizkessel, –**   boiler
hell   bright, light
hellicht   bright; **am hellichten Tage** in broad daylight
der **Helm, –e**   helmet
das **Hemd, –en**   shirt
hemdärmelig   in shirt sleeves
her   hither, here, this way
herab·kommen, a, o   to come down
heraus·geben, a, e   to give up, deliver up
sich **heraus·stellen**   to turn out, appear, prove
herbei·bringen, a, a   to bring hither, fetch
herein!   come in!
herein·führen   to lead in
herein·kommen, a, o   to come in
her·geben, a, e   to give up, hand over
her·kommen, a, o   to come from
der **Herr, –n, –en**   gentleman; mister; master; sir
herrenhaft   masterful
Herrgottnochmal!   for God's sake!
die **Herrschaft**   master and mistress; masters; employers (of servants); **Herrschaften!**   ladies and gentlemen!
herrschen   to rule, prevail
herum·fingern   to move one's fingers aimlessly; **an seinen Fingern herumfingern**   to twiddle one's fingers
herunter·kommen, a, o   to come down
herunter·reißen, i, i   to tear off
hervor·kriechen, o, o   to creep out
das **Herz, –en**   heart
herzkrank   suffering from heart trouble
heulen   to howl, yell, scream
heute   today; **heute morgen**   this morning; **heute vormittag**   this forenoon; **heute nacht**   tonight
heutzutage   today, these days
hier   here
hierher   hither
der **Himmel, –**   heaven; sky

hin   hence, thither; **hin sein**   to be ruined, be dead
hinauf·gehen, i, a   to go up, walk up
hinaus   out
hinaus·gehen, i, a   to go out
hinaus·schleichen, i, i   to sneak out
hinaus·schmeißen, i, i   to throw out
hinaus·werfen, a, o   to throw out
hindern   to prevent
hin·führen   to lead to
hin·legen   to put down
hin·stellen   to put down, set down; to stand up (as of an object)
hin·strecken   to stretch out, proffer
hinten   in the back
hintenherum   behind one's back, secretly
der **Hintergrund, ⁼e**   background
hinüber·nicken   to nod towards
hinüber·sprechen, a, o   to speak across to
hinunter   down, downwards
hinunter·begleiten   to accompany downward
hinweg   away
hin·werfen, a, o   to throw down
hoffen   to hope
hoffentlich   it is to be hoped
die **Hoffnung, –en**   hope
hoffnungslos   hopeless
höflich   polite(ly)
holen   to get, fetch
die **Hölle, –n**   hell
die **Höllenkrise, –n**   crisis in hell
das **Holz, ⁼er**   wood
hölzern   wooden
die **Holzwolle**   excelsior (material of curled shreds of wood used for packing, etc.)
der **Honig**   honey
horchen   to listen, hearken
hören   to hear
Hormorflor   name of a hair tonic
das **Horn, ⁼er**   horn
die **Hosentasche, –n**   trouser pocket
der **Humor**   humor; **keinen Humor haben**   to have no sense of humor
der **Hund, –e**   dog
das **Hundegebell**   barking of dogs
hundertmal   hundred times
hungern   to be hungry
hungrig   hungry
das **Hupen**   tooting, sounding the horn
huren   to whore
husten   to cough

187

der Hut, ⸚e   hat
der Hydrant, –en, –en   hydrant

I

der Idealismus   idealism
die Idee, –n   idea
ideologisch   ideological
der Idiot, –en, –en   idiot
idiotisch   idiotic
immer   always
der Import   import
imstande   capable (of), able, in a position (to)
der Intellektuelle, –n, –n   intellectual
interessieren   to interest
irgendein   some sort of a
irgend etwas   something
irgendwo   somewhere, anywhere
sich irren,   to err, be mistaken
der Irrtum, ⸚er   error, mistake

J

die Jacke, –n   jacket
jagen   to chase, hunt; einen ins Bockshorn jagen   to intimidate or startle someone
der Jäger, –   hunter
das Jahr, –e   year
je nach   depending on
jedermann   everyman
jedoch   however
jedweder   every; any
jemals   ever
jemand   somebody
jetzt   now
die Jugend   youth
der Jurist, –en, –en   lawyer

K

der Kaffee   coffee
kalt   cold
kämmen   to comb
kampfmutig   courageous (in battle)
der Kandelaber, –   candelabra
die Kanne, –n   jug, pot
die Kartoffel, –n   potato
der Käse, –   cheese
die Kastanie, –n   chestnut
die Katastrophe, –n   catastrophe
kaufen   to buy
der Kaufmann, ⸚er   businessman
kaufmännisch   commercial
kaum   scarcely, hardly

die Kehle, –n   throat
der Keller, –   cellar
der Kellner, –   waiter
kennen, a, a,   to know (a person)
kennerhaft   in the manner of an expert, in expert fashion
die Kerze, –n   candle
kichern   to giggle
das Kind, –er   child
der Kinderglaube   childlike faith
die Kindheit   childhood
kindisch   childish
der Kirchenfürst, –en, –en   ecclesiastical prince, high dignitary of the church
das Kirchenglockengeläute   ringing of church bells
das Kissen, –   cushion
klagen   to complain
klar   clear, obvious
die Klasse, –n   class; die Gans ist Klasse   the goose is first-class
der Klassenunterschied, –e   class distinction
kleiden   to dress
klein   small
die Klingel, –n   bell
klingeln   to ring
klug   smart, intelligent, clever
knallrot   glaring red
die Knallzündschnur, ⸚e   explosive fuse
knöpfen   to button
die Kohle, –n   coal
die Kohlenschaufel, –n   coal shovel
der Köhler, –   charcoal-burner
die Köhlerhütte, –n   hut of a charcoal-burner
komischerweis   oddly
kommen, a, o   to come
der Kommissar, –e   commissar
können, o, o   to be able, can; to know; er kann nichts dafür   it is not his fault
das Konsulat, –e   consulate
der Kopf, ⸚e   head
köpfen   to behead
die Kopftracht, –en   headgear
der Korken, –   cork
der Korkenzieher, –   corkscrew
das Korn, ⸚er   grain; standard (of metal); front sight (of a rifle); vom alten Schrot und Korn   of the good old type, of sterling worth
der Korridor, –e   corridor
kosten   to taste; to cost

das **Kostüm**, –e costume
kotzen (*vulg.*) to vomit
der **Krach** noise, racket
kräftig strong
der **Kragen**, – collar
krank sick
kränken to hurt, insult
der **Kranz**, –̈e wreath
die **Krawatte**, –n necktie
kreidebleich pale as chalk
klopfen to knock; to pat
der **Kreis**, –e circle
kreischen to screech, shriek
kreisen to circle
der **Krieg**, –e war
der **Kriegsdienstverweigerer**, – conscientious objector
das **Kristall**, –e crystal
kristallen crystal-like; crystal clear
krumm crooked; **etwas krumm nehmen** to take something amiss
der **Kübel**, – bucket
die **Küche**, –n kitchen
die **Kultur**, –en culture
der **Kummer** grief
der **Kunde**, –n, –n customer, client
die **Kündigung**, –en dismissal notice; discharge from a position
die **Kundschaft** customers, clientele
kurz short; **kurz und gut** in short
die **Kurzweil** pastime, amusement
küssen to kiss

L

lachen to laugh
lächerlich ridiculous
lang long
langsam slow(ly)
der **Lärm** noise, racket
lassen, ie, a to let; **in Ruhe lassen** to leave in peace; **sich** (*dat.*) **etwas gefallen lassen** to put up with a thing
der **Lauf** course; current
laut loud; (*prep.*) according to
läuten to ring, peal, toll
der **Lautsprecher**, – loudspeaker
leben to live
das **Leben** life
das **Lebewesen**, – creature
die **Lederbinde**, –n leather binding, leather strap
die **Ledermappe**, –n briefcase
ledig single, unmarried
der **Ledig–** unmarried man

das **Ledige** all unmarried persons
die **Leere** void, emptiness
legen to lay, place, put
die **Lehre**, –n lesson; moral
das **Lehrstück**, –e didactic play
die **Leibspeise**, –n favorite dish
leicht easy; easily
leider unfortunately
die **Leihgabe**, –n something given on loan
leise silent(ly)
sich (*dat.*) **etwas leisten** to afford something
die **Leistung**, –en achievement
die **Leiter**, – ladder
lernen to learn
lesen, a, e to read
letzt- last
leuchten to shine
die **Leute** (*pl.*) people; **Leute aus dem Volk** those belonging to the common people; **die Leutchen** (*coll. ironic*) these good people
das **Licht**, –er light
lichterloh blazing
das **Lied**, –er song
liegen, a, e to lie, rest
link- left (hand)
links to the left
löffeln to eat with a spoon
sich lohnen to be worth it, worth the trouble
los loose; free; **etwas los sein** to be rid of something; **etwas los werden** to get rid of something; **was ist los?** what is the matter? **los!** let's go!
löschen to extinguish
lösen to loosen
los·fahren, u, a to start driving away
los·gehen, i, a to begin, start; to explode, go off
die **Lösung**, –en solution
die **Luft**, –̈e air
lügen to lie
die **Lukarne**, –n attic window, dormer window
die **Lust**, –̈e enjoyment, pleasure; lust
lustig merry, gay, jolly

M

machen to make, do; **es macht mir nichts** it doesn't affect me

die **Macht,** ⁼e power, might; **an der Macht** in power
machtlos powerless
die **Madame** madame
das **Mädelchen,** − little girl, girlie
das **Mal,** −e time, turn, point of time; **zum letzten Mal** for the last time
die **Mama** mamma
manchmal sometimes
der **Mann,** ⁼er (*pl.* **Mannen**) man; husband
die **Männerwelt** (the world of) men
mannshoch tall as a man
der **Mantel,** ⁼ overcoat
die **Mappe,** −n briefcase; folder
das **Mark** marrow; **durch Mark und Bein gehen** to penetrate to the very marrow, cut to the quick
die **Marmelade,** −n marmalade
der **Marschall,** ⁼e marshal
das **Maß,** −e measure
das **Maul,** ⁼er mouth (of animals); (*vulg.*) of persons
die **Meerkatze,** −n long-tailed monkey
mehr more
mehrstimmig in harmony; arranged for several voices
meinen to mean, opine, think
melden to report (as to the police)
der **Mensch,** −en, −en human being
das **Menschengeschrei** human clamor, human shrieks
menschlich human
das **Menschlich-,** that which is human
die **Menschlichkeit** humaneness, humanity
messen, a, e to measure
das **Messerbänklein,** − knife-rest
das **Messing** brass
der **Meter,** − meter
die **Milch** milk
der **Milchkrug,** ⁼e milk jug
die **Milchstraße** Milky Way
der **Millionär,** −e millionaire
mindestens at least
der **Minister,** − minister
die **Minute,** −n minute
sich **mischen** (unter) to mix (with)
miserabel miserably
mißbrauchen to misuse
das **Mißtrauen** mistrust

mißverstehen, a, a to misunderstand
der **Mitarbeiter,** − co-worker
mitbürgerlich in a communal spirit
mit·machen to participate
mit·nehmen, a, o to take along
mitsamt together with
die **Mitte** middle, center
das **Mittel,** − means; remedy
das **Mittelalter** Middle Ages
der **Mittelstand** middle class
mitten midway; **mitten in der Nacht** in the middle of the night
mögen, o, o to like; to be permitted; **ich möchte** I would like
möglich possible
der **Monat,** −e month
morgen tomorrow
der **Morgen,** − morning
der **Morgenkaffee** morning coffee
der **Morgenrock,** ⁼e housecoat, dressing gown
der **Motorfahrer,** − automobile driver
müde tired
der **Mund,** ⁼er mouth
mürrisch morose, disgruntled, sullen
das **Muster,** − pattern, model
mustern to muster, examine, survey
die **Mutter,** ⁼ mother

N

der **Nachbar,** −n, −n neighbor
nachdem after
nach·lassen, ie, a to subside, slacken, slow up
nach·schauen to gaze after, look after
nach·sehen, a, e to look into, check, examine
das **Nachspiel,** −e epilogue
die **Nacht,** ⁼e night; **heute nacht** tonight
das **Nachtessen,** − supper
nächtlich nocturnal
nackt naked
nagen to gnaw
nahe near
die **Nähe** proximity
sich **nahen** to approach
sich **nähern** to approach
der **Name,** −n, −n name
namhaft well known, renowned, worth mentioning

nämlich   as a matter of fact
die Nase, –n   nose
nässen   to wet
natürlich   natural(ly)
neben   beside
nehmen, a, o   to take; etwas krumm nehmen   to take something amiss
neidlos   without envy
nennen, a, a   to name
nervenzerrüttet   with shattered nerves
nervös   nervous
nett   nice
neu   new
neuerdings   anew, again, recently
der Neunundvierziger   wine of 1949 vintage
nichts   nothing; nichts als   nothing but
nicken   to nod
nie   never
nieder   down
nieder·brennen, a, a   to burn down
nieder·knien   to kneel down
nieder·stellen   to put down
niemand   nobody
nimmer   never
nimmermehr   nevermore
das Nimmerzulöschende   the inextinguishable
noch   still, yet
nochmals   again, once more
nötig   necessary; etwas nötig haben   to need a thing
das Notizbüchlein, –   little notebook
nur   only

O

obdachlos   homeless
der Obdachlos-   homeless person
oben   upstairs, above
der Oberkellner, –   headwaiter
obschon   although
oder   or
offen   open; candid
offengesprochen   spoken candidly, frankly
das Offenkundige   the obvious
die Öffentlichkeit   public
öffnen   to open
ohne   without
die Ohnmacht   fainting fit, swoon
ohnmächtig   swooning; helpless
das Ohr, –en   ear
das Opfer, –   victim
der Orden, –   medal

ordentlich   orderly, in order
die Orgel, –n   organ

P

packen   to seize, grip
der Papagei, –en   parrot
das Parkett   orchester seats (theatre)
die Partei, –en   political party, faction
der Partisane, –n, –n   partisan
passen   to suit, fit
die Pause, –n   pause
peinlich   embarrassing
die Peitsche, –n   whip
die Person, –en   person
persönlich   personal(ly)
die Persönlichkeit, –en   personality
die Perücke, –n   wig
die Pfanne, –n   pan
die Pfeife, –n   pipe
pfeifen, i, i   to whistle
der Pferdefuß, ·(ss)e   hoof, cloven foot
planen   to plan
die Platte, –n   tray, plate, dish
der Platz, ·e   place; Platz nehmen   to take a seat, sit down
plötzlich   suddenly
der Plunder   trash, junk, rags, remnants
plündern   to plunder, pillage, sack, rob
die Polizei   police
polizeilich   police, by the police
der Polizeistaat, –en   police state
der Polizist, –en, –en   policeman
die Polterei   racket, noise
poltern   to rumble, rattle, bluster
Pommard   a French wine of the Burgundy district
positiv   positive(ly)
prasseln   to crackle
das Prinzip, –ien   principle
privat   private
die Probe, –n   rehearsal; trial
prost!   to your health!
die Protzerei   ostentious behavior
der Prozeß, –(ss)e   lawsuit
prüfen   to test, examine
prunkvoll   gorgeous, splendid
der Pullover, –   sweater
die Pumpe, –n   pump
pur   pure
putzen   to polish
die Putzfäden (pl.)   cotton waste
der Pyjama, –s   pyjama

191

Q

der Quadratmeter, – square meter
die Qualität, –en quality
der Quatsch (coll.) nonsense

R

rasch quick(ly)
rasieren to shave
die Rasierklinge, –n razor blade
der Rauch smoke
rauchen to smoke
raus·kommen, a, o to come out
die Rechnung, –en bill
recht true, real; right; just; recht haben to be right
das Recht, –e right, justice
rechts to the right
der Rechtsanwalt, ⸚e lawyer
reden to talk
regelrecht regular
der Regen rain
der Regenschirm, –e umbrella
reglos motionless
regnen to rain
reich rich
reichen to proffer, extend, offer; to reach; to suffice
die Reihe, –n row, file, line; eine Reihe von a number of
rein pure(ly); rein gar nichts nothing at all
reizend charming
rennen, a, a to run
der Rest, –e rest, residue
retten to save
der Richter, – judge
richtig right, correct
der Richtig- right man
riechen, o, o to smell; riechen nach to smell of
ringen, a, u to wrestle; to struggle
der Ringer, – wrestler
die Ringerei wrestling
ringsum round about
die Rolle, –n role; es spielt keine Rolle it doesn't matter
rollen to roll
die Rose, –n rose
rostig rusty
rot red
das Rotkraut red cabbage
rücksichtslos ruthless, inconsiderate
der Rückweg, –e road back, way back, return route
der Ruf, –e call

rufen, ie, u to call
die Ruhe rest, quiet, peace; in Ruhe lassen to leave in peace
ruhen to rest
die Ruine, –n ruin
der Rundfunk radio
rundheraus flatly, bluntly, straight out
rüsten to prepare
rütteln to shake, jolt

S

die Sache, –n thing, matter
sachlich factual, objective, matter-of-fact
der Sachverständig- expert
sagen to say
salutieren to salute
das Salz salt
salzen to salt
sammeln to collect
der Samstagabend, –e Saturday evening
der Samt velvet
satt full, satisfied; es satt haben to have had enough of it, (coll.) be fed up with it
der Sattel, ⸚ saddle
sauber clean
sauer-freundlich sour-friendly (cf. bittersweet)
saufen, o, o to drink (alcohol to excess)
der Säugling, –e baby
die Scene, –n scene
die Schachtel, –n box
schade! a pity! too bad!
das Schaffell, –e sheepskin, fleece
schaffen to bring, convey
der Schalter, – switch
sich schämen to be ashamed
schänden to rape; to desecrate
der Schatten, – shadow
der Schatz, ⸚e treasure; sweetheart
schauen to view, look at
scheinen, ie, ie to seem, appear
das Scheißgewehr (vulg. intentional mistake) = Schießgewehr gun, rifle
der Schenkel, – thigh
schenken to give, present, bestow
sich scheren (coll.) to go away
scherzen to joke
scheuen to fear, dread, shun
schicken to send
das Schicksal, –e fate

schießen, o, o to shoot
Schiß haben (*vulg.*) to be scared
schlafen, ie, a to sleep
schlaflos sleepless
die Schlafpille, –n sleeping pill
das Schlafpulver, – sleeping powder
das Schlafzimmer, – bedroom
der Schlag, ¨e stroke
schlagen, u, a to beat, strike
das Schlagwort, ¨er catchword, slogan
der Schlauch, ¨e hose
schleichen, i, i to crawl, creep, sneak
schlecht bad
die Schleife, –n bow
schleudern to hurl
schlicht simple, unassuming
schließen, o, o to close
schließlich after all
das Schlimmste the worst
schluchzen to sob
schmatzen to munch, eat loudly with open mouth
schmecken to taste
schmelzen, o, o to melt
schmieren to grease
schmorend baking, roasting
der Schmuck, –e jewelry, ornament
schnappen to grab, snatch, catch
schnarchen to snore
schnuppern to sniff
die Schnur, ¨e string, cord, twine
schon already
der Schöpfer, – creator
der Schrank, ¨e wardrobe
schrauben to screw
schrecken to terrify, frighten
schreckhaft timid, frightened
schrecklich terrible
schreiben, ie, ie to write
der Schrei, –e scream
schreien, ie, ie to scream
das Schriftstück, –e document
der Schrot, –e buckshot; vom alten Schrot und Korn of the gold old type, of sterling worth
der Schuh, –e shoe
schuldlos guiltless, innocent
die Schule, –n school
schulen to school, educate, train
die Schulter, –n shoulder
die Schürze, –n apron
der Schutt rubble, debris
schütteln to shake
schwach weak
schwarz black

schwatzen to gossip, talk idly
schweigen, ie, ie to be silent
der Schweiß sweat
die Schwelle, –n threshold
schwellen, o, o to swell
schwenken to turn, swing; die Front schwenken (*mil.*) to wheel
schwergewicht heavyweight
schwerlich hardly; with difficulty
schwingen, a, u to swing
schwören to swear
die Schwurfinger (*pl.*) the fingers raised in swearing
die Seele, –n soul
der Segen, – blessing
segnen to bless
sehen, a, e to see
sehr very
seiden silken
sein to be; dabei sein etwas zu tun to be in the process of doing something
seinerseits for his part
seit since
die Seite, –n side; page
die Sekretärin, –(nn)en secretary
die Sekunde, –n second
selbst self; even
der Selbstmörder, – suicide
selbstverständlich of course; obviously(ly)
selig blissful, blest; deceased
der Senf mustard
senken to lower
die Sentimentalität sentimentality
die Serie, –n series
servieren to serve (as of a meal)
die Serviette, –n napkin
der Sessel, – easy chair
sich setzen to sit down
sicher certain, sure
die Sicherheit assurance; safety
sicherlich probably
die Siedlung, –en housing project; settlement
das Silber silver
der Silberkübel, – silver bucket
das Silberne that which is made of silver
silberweiß silver white
singen, a, u to sing
das Sinnen thinking, contemplating
sinnlos senseless
die Sirene, –n siren
sitzen, a, e to sit
die Socke, –n sock
soeben just now

sofern   in as far as
sofort   immediately
sogar   even
der Sohn, ⸚e   son
solange   as long as
sondern   but
die Sonne, –n   sun
der Sonntag, –e   Sunday
sonst   at other times; otherwise
die Sorge, –n   worry, care; sich
   Sorge machen   to worry
sorgsam   careful(ly)
spähen   to scout, reconnoiter, watch,
   be on the lookout
der Spaß, ⸚e   jest, joke, fun
die Spaßigkeit   merriment
spät   late
spielen   to play; es spielt keine
   Rolle   it doesn't matter
der Spießer, –   narrow-minded, conventional fellow, bourgeois, philis-
   tine
sprachlos   speechless
sprechen, a, o   to speak
die Spritze, –n   injection; syringe
spritzen   to inject, squirt
spüren   to feel, perceive, sense
die Stadt, ⸚e   city
städtebaulich   in respect to city
   planning; städtebaulich betrachtet
   looked at in respect to city planning
der Stadtteil, –e   district, part of a
   city
der Stall, ⸚e   stall, stable, sty
der Stammtisch, –e   table reserved
   for regular customers; regular
   circle of cronies
der Standpunkt, –e   point of view
die Standuhr, –en   upright clock
stapeln   to pile up, stack
starr   rigid(ly)
starren   to stare
der Staub   dust
stecken   to put, place
stehen, a, a   to stand
stehlen, a, o   to steal
steif   stiff(ly)
steigen, ie, ie   to climb
der Stein, –e   stone
steinern   made of stone, stony
die Stelle, –n   place
stellen   to place, put, set; jemandem
   ein Bein stellen   to trip somebody
die Stellung, –en   position
der Stempel, –   rubber stamp
stempeln   to stamp, mark
sterben, a, o   to die

sterblich   mortal
der Steuerberater, –   tax consultant
die Stichflamme, –n   jet of flame
stieren   to stare
stiften   to donate
die Stille   silence
die Stimme, –n   voice
die Stimmung, –en   mood; atmosphere
stinken, a, u   to stink
stopfen   to fill (as of a pipe)
stören   to disturb
die Strafanstalt, –en   penal institu-
   tion
strafbar   punishable, culpable
der Strahl, –en   ray
strahlen   to beam
die Straße, –n   street
die Straßenbahn, –en   streetcar
straucheln   to stumble, slip
streichen, i, i   to stroke, touch
   gently; to spread (as of cream)
das Streichholz, ⸚er   match
der Streik, –s   strike
strömen   to pour, stream
der Strumpf, ⸚e   stocking
die Stube, –n   room, parlor
das Stück, –e   piece; play
studieren   to study (at a university)
stumm   silent; dumb
die Stunde, –n   hour
der Stundenschlag   striking of the
   hour
die Sturmglocke, –n   alarm bell
stürzen   to plunge, crash, smash
suchen   to seek, look for, search for
die Summe, –n   sum
die Sünde, –n   sin

T

das Tablettchen, –   little tray
die Tafel, –n   board; table
der Tag, –e   day
das Tageslicht   daylight
täglich   daily
die Tarnung, –en   camouflage
die Tasche, –n   pocket
der Taschendieb, –e   pickpocket
die Tasse, –n   cup
die Tat, –en   deed, action
die Tätowierung, –en   tattooing
tatsächlich   really, in fact, actually
das Tatsächliche   the factual
die Taube, –n   pigeon, dove
tauchen   to dip; to dive
der Teller, –   plate
teuer   expensive

der Teufel, – devil
der Text, –e text
das Theater, – theatre
die Theatersprache language of the theatre
tilgen to eradicate, destroy, blot out, extinguish
der Tilsiter cheese from Tilsit
der Tisch, –e table
das Tischtuch, ⁀er tablecloth
der Tod death
die Tomate, –n tomato
tönen to sound
tot dead
der Tote, –n dead
töten to kill
tragen, u, a to wear, carry
tragisch tragic
das Traktat, –e tract, treatise
der Transport, –e transportation
trauen to trust
traulich cozy, intimate; confidential, confiding
der Traum, ⁀e dream
das Trauma, –ta trauma, shock
trefflich excellent, admirable, first-rate
der Trefflichgerüstet- admirably prepared or equipped person
die Treppe, –n staircase
das Treppenhaus, ⁀er hall, well of a staircase
treten, a, e to step
treu faithful, loyal
die Treue loyalty, faithfulness, sincerity
trinken, a, u to drink; Brüderschaft trinken to drink to everlasting friendship
trotzdem nevertheless, notwithstanding, in spite of
die Trümmer (pl.) wreckage, ruins
die Tube, –n tube
tüchtig fit, able; tüchtig essen to eat heartily
der Tüchtig- capable man
tun, a, a to do
die Tür, –en door
turmhoch high as a tower
die Turmuhr, –en tower clock

U

überall everywhere
übergeben, a, e to hand over
überhaupt after all, at all
überreichen to hand over, present, deliver

üblich customary
das Übliche the usual
die Uhr, –en clock, watch
um·drehen to turn around; die Kehle umdrehen to strangle
um·fallen, ie, a to fall over
sich um·sehen, a, e to look around
der Umstand, ⁀e circumstance; keine Umstände no fuss
unabwendbar unavoidable, inevitable
unbieder dishonest, dishonorable, disreputable
unermüdlich indefatigable
unerschöpflich inexhaustible
der Unfall, ⁀e accident
der Unfug mischief; nonsense
die Ungeduld impatience
ungefähr approximate(ly)
ungeheuer monstrous; atrocious
das Ungeheuere monstrous thing
ungern without pleasure
unglaublich unbelievable, incredible
das Unheil disaster, calamity
die Uniform, –en uniform
der Unmensch, –en, –en inhuman person
das Unrecht injustice
die Unschuld innocence
unschuldig innocent
unselig unhappy, unlucky, wretched
der Unselig- wretched fellow, unfortunate man
unsereiner (coll.) people like us
der Unsinn nonsense
unten downstairs; below
unter lower, inferior; under
unterbrechen, a, o to interrupt
sich unterhalten, ie, a to converse; to entertain oneself
der Untersuchungsrichter, – examining magistrate
die Unterwelt underworld
der Unterzeichnet- undersigned, signatory
der Untüchtig– incompetent man, good-for-nothing
unvergesslich unforgettable
das Unveröffentlichte that which is unpublished
die Unverschämtheit, –en insolence

V

der Vater, ⁀er father
die Vaterstadt, ⁀e native town
verängstigt frightened

verärgern to annoy, make angry, irritate

verbergen, a, o to hide, conceal

sich verbitten, a, e to refuse to tolerate

die Verblüffung stupefaction, amazement, bewilderment

verbrecherisch criminal

die Verbrüderung fraternization

verchromt plated with chromium

der Verdacht suspicion, distrust

verdammt damned

der Verdammt- damned

verdammtnochmal! damn it all!

verdienen to deserve; to earn

vergehen, i, a to pass, transpire

vergelten, a, o to repay, recompense; **vergelt's Gott** may God reward you

vergessen, a, e to forget

sich vergewissern to make sure

vergleichen, i, i to compare

das Vergnügen, – pleasure

verhaften to arrest

verhandeln to negotiate, discuss, parley

die Verdhandlung, –en conference

der Verheiratet- married man

das Verheiratete all those married

verheiratet married

verhöhnen to scoff (at), mock, deride

das Verhör, –e judicial examination, hearing, trial

das Verhüllte that which is veiled

verkaufen to sell

der Verkehrslärm traffic noise

verkehrt wrong

sich verkleiden to disguise oneself

verkohlen to char, carbonize

verlassen, ie, a to leave; **sich verlassen auf** to rely on

die Verlegenheit, –en embarrassment

verleiden to spoil (a thing for someone)

verlesen, a, e to read out; to misread

verlieren, o, o to loose

vermeiden, ie, ie to avoid

vermiest in bad humor, grumpy

vermuten to suppose, suspect

vernehmen, a, o to perceive, become aware of, understand

sich verneigen to bow, curtsy

vernichten to destroy

die Vernunft reason, good sense, intelligence, common sense

verpfuscht bungled, botched

der Verrat betrayal

verrechnen to miscalculate

verreißen, i, i (*coll.*) to criticize harshly, pull to pieces; **ein großes Maul verreißen** to talk boastfully

verriegelt bolted, locked

verrostet rusted

verrückt crazy; **zum Verrücktwerden** enough to drive one crazy

sich versammeln to gather, collect

verschwinden, a, u to disappear

versengen to singe, scorch, parch

versichern to insure

die Versicherung, –en insurance; insurance company

versperren to block, bar, shut, obstruct

versprechen, a, o to promise

die Verstaatlichung nationalization

verstecken to hide

verstehen, a, a to understand

verstört troubled, disconcerted

verstummen to become silent, grow dumb

versuchen to try

das Vertrauen trust

vertreten, a, e to block (as of an entrance)

die Verwandlung, –en metamorphosis, transformation, change

verwechseln to confuse, mix up

verwegen bold, daring, audacious

verwirren to confuse

verwundern to surprise, astonish

verzeihen, ie, ie to excuse

sich verziehen, o, o (*coll.*) to withdraw, make off slowly

vielleicht perhaps

das Viertel, – quarter

die Villa, –en villa, country house

violet violet

die Visitenkarte, –n calling card

das Volk, ⸚er people, nation, race, tribe; the common people; **Leute aus dem Volk** those who belong to the common people

der Völkerstamm, ⸚e race

voll full

vollkommen complete(ly)

voran·gehen, i, a to precede, take the lead

voraus·sehen, a, e to foresee

vorbei·fahren, u, a to drive past

vorbei·kommen, a, o to pass by

vorbei·sausen to whiz by

vorbei·wandeln to amble by, walk past

vor·haben to have in mind, intend, plan

vorher before

vor·kommen, a, o to happen, occur

der **Vormittag, –e** morning, forenoon

die **Vorschrift, –en** rule, regulation, order; **laut Vorschrift** according to the rules

die **Vorsichtsmaßnahme, –n** precautionary measure

sich (etwas) **vor·stellen** to imagine (something)

vor·treten, a, e to step forward, come forward

vorwärts forward, onward

das **Vorzimmer, –** lobby

W

die **Wache, –n** watch, guard

wachen to wake

wachsam watchful, vigilant

wachsen, u, a to grow

der **Wächter, –** guardian

der **Wachtmeister, –** police sergeant

wagen to dare

wahnsinnig mad, crazy

wahr true; **nicht wahr?** isn't that so?

während during; while

die **Wahrheit** truth

wahrlich truly, surely, verily

das **Waisenhaus, ⁻er** orphanage

der **Wald, ⁻er** forest

die **Wand, ⁻e** wall

wandeln to walk, saunter, amble

die **Wange, –n** cheek

wann when

warm warm

warnen to warn

warten to wait

warum why

waschen, u, a to wash

die **Wasserschale, –n** water bowl

der **Wechselgesang** antiphony, a musical piece sung alternately by a choir divided into two parts

wecken to wake, awaken

weg away

der **Weg, –e** way, path, road

wegen on account of, because of

weg·gehen, i, a to go away

weg·laufen, ie, au to run away

weg·legen to put away

weg·nehmen, a, o to take away

weg·werfen, a, o to throw away

wehe! alas! oh dear!

wehrlos unarmed, defenseless

weich soft

sich **weigern** to refuse

der **Weihrauch** incense

der **Wein, –e** wine

die **Weise, –n** manner, way, method

weisen, ie, ie to point out, show, direct

weiß white

weißlich whitish

weiter further, farther

weiter·arbeiten to continue working

weiter·pfeifen, i, i to continue whistling

die **Weitsicht** perspicacity; farsightedness

die **Welt, –en** world

der **Weltverbesserer, –** world reformer

wenden, a, a to turn; **sich wenden an** to apply to

wenigstens at least

werden, u, o to become

werfen, a, o to throw

die **Weste, –n** waistcoat, vest

wichtig important; **sich wichtig machen** (coll.) to throw one's weight around

wickeln to roll, wind, twist

wider against

widerlich disgusting

wie how; as; like

wieder again

wiedererstanden resurrected

die **Wiedergutmachung, –en** restitution

wieder·herstellen to restore, rebuild

wieso why; for what reason

der **Wille, –n** will

die **Wimper, –n** eyelash

der **Wind, –e** wind

winken to wave

wirklich real(ly)

die **Wirtschaft, –en** inn

wischen to wipe

wissen, u, u to know

die **Witwe, –n** widow

der **Witz, –e** joke

wo where

die **Woche, –n** week

woher from where

wohin where to, whither

wohnen to live, dwell, reside

wohnhaft living, dwelling, residing

die **Wohnung, –en** residence; house; flat

die **Wolldecke, –n** woolen blanket
wollen to want
worauf whereupon
das **Wort, –e** word; **aufs Wort glauben** to believe completely
wörtlich word for word, verbatim
wortlos silent(ly)
wozu for what purpose
sich **wundern** to be surprised
der **Wunsch, ⁼e** wish, desire
wünschen to wish, desire
die **Wurst, ⁼e** sausage
die **Wut** rage

Z

zähe tough
zählen to count
das **Zeichen, –** sign
der **Zeigefinger, –** index finger
zeigen to show
die **Zeit, –en** time; **zur Zeit** at the present time; **zeit meines Lebens** all my life
die **Zeitung, –en** newspaper
der **Zeuge, –n, –n** witness
das **Zeughaus, ⁼er** armory, arsenal
das **Zeugnis, –(ss)e** evidence, testimony
ziehen, o, o to pull
sich **zieren** to be affected, put on airs; to refuse out of politeness
die **Zigarette, –n** cigarette
die **Zigarre, –n** cigar
die **Zigeunerin, –(nn)en** gypsy
die **Zimmerdecke, –n** ceiling
der **Zirkus, –(ss)e** circus
zischen to hiss, sizzle, fizz
zittern to tremble
die **Zivilcourage** courage of one's convictions

zögern to hesitate
zufrieden satisfied, content
zugleich at the same time
zu·greifen, i, i to take hold of, seize, grab; to help oneself (at table)
zuhanden into the hand
zu·hören to listen, pay attention
zuletzt in the end; at last
zu·machen to close
zu·muten (einem etwas) to expect (a thing of a person), demand
die **Zündkapsel, –n** detonator
die **Zündschnur, ⁼e** fuse
zurecht·ziehen, o, o to pull straight
zurück·geben, a, e to give back, return
zurück·kommen, a, o to come back, return
zurück·lehnen to lean back
zurück·treten, a, e to step back
zurzeit at the present time
zusammen together
zusammen·falten to fold
zusammen·klappen to fold up, fold together
zusammen·legen to lay together, put together, fold up
zu·schauen to watch
der **Zuschauer, –** spectator
der **Zuschauerraum, ⁼e** auditorium
zu·schrauben to tighten a screw
zu·sehen, a, e to watch, look on, witness
der **Zustand, ⁼e** condition
zutiefst most deeply, profoundly
die **Zuversicht** confidence, trust
zwar in fact, as a matter of fact
der **Zweck, –e** purpose
zweifeln to doubt
zweitbest- second best